Helga Königsdorf
Respektloser Umgang

Aufbau-Verlag 1988

3. Auflage 1988

Einbandgestaltung Heinz Hellmis
Typographie Manfred Damaszynski/Christa Wendt
Lichtsatz Karl-Marx-Werk, Graphischer Großbetrieb, Pößneck V15/30
Druck und Binden Grafischer Großbetrieb Sachsendruck Plauen
Printed in the German Democratic Republic
Lizenznummer 301. 120/68/86
Bestellnummer 613 339 4
00450

ISBN 3-351-00177-0

1

Die eine Kerze zur Rechten. Wie immer. Kaum wahrnehmbar das Atmen, mit dem sie sich verzehrt. Ihr Licht taugt zu nichts. Die Helligkeit, die meinen Augen nötig ist, kommt von der Lampe links. Und doch habe ich sie angezündet. Wieder und wieder. Ein Jahr. Zwei Jahre. Ehe ich mich versah, waren es zwanzig und mehr. Solange ich an diesem Schreibtisch sitze. Wie auch die Lichtverhältnisse waren – ich wollte sie unbedingt, diese eine Kerze. Natürlich handelte es sich nicht immer um denselben Tisch, dieselbe Kerze. Aber das tut nichts zur Sache. Für einen Moment will es mir sogar scheinen, als wäre ich niemals aufgestanden. Als wäre dieses Dasein, vornübergebeugt am Schreibtisch, mathematische Formeln auf ein Blatt Papier kritzelnd, das eigentliche Leben gewesen. O diese Lust! Diese Klarheit! Diese hochmütigen Konstruktionen! Aber dann die Zusammenbrüche. Der scharfe Schmerz in der Scheitelgegend, gegen den kein Haareraufen half. Der Zweifel an der eigenen Existenzberechtigung. Plötzlich, wenn schon alles verloren aussah: ein neuer Einfall. Also wieder von vorn. Verglichen mit diesem höllischen Pendeln zwischen Fegefeuer und Hosianna war das übrige Dasein fast eine Plattheit. Jedenfalls will es mir so scheinen. Für einen Moment.

In Wirklichkeit war alles ganz anders.

Der Flammenkegel biegt und windet sich, als sehne er sich nach Freiheit. Nach Unabhängigkeit von dem Docht, der ihn nährt. Ich kann nicht länger darüber hinwegsehen. Zu offen unterliegt er fremden Einflüssen. Luftströmen, die auf Bewegung hindeuten. Bewegung hinter mir im Raum. Ich weiß, daß da niemand ist und konzentriere mich auf meine Gleichungen. Versuche es jedenfalls. Doch es gelingt mir nicht. Deutlich spüre ich den Blick im Nacken.

Nur nicht umwenden. Sehe ich zurück – soviel steht fest –, irgend etwas wird passieren. Etwas, was nicht mehr ungeschehen gemacht werden kann. Ich schaue auf das Papier und lese, was ich eben geschrieben habe. Aber die Information bleibt schon in der Netzhaut stecken. Ein sinnloses Geäst von Zeichen.

Die Verlockung des verbotenen Zimmers. Habe ich das Verbot nicht immer als Zumutung empfunden. Soll ich mich jetzt von Schwäche und Angst leiten lassen? Nein. Ich will der Wahrheit ins Auge schauen. Ich drehe mich um.

2

Kein Anlaß zur Freude. Im Gegenteil. Aus vielen und sehr verschiedenen Gründen ärgerlich, ja bedrückend. Ein Krankheitszeichen. Ich presse die

Lippen aufeinander und kneife die Augen zusammen. Es hilft nichts. Die Erscheinung bleibt.

Noch niemals bin ich in meiner Existenz so bedroht gewesen wie in diesem Herbst. Dabei muß ich zufrieden sein. Es hätte schlimmer kommen können. Immerhin habe ich meine mittlere Lebenserwartung überschritten. Eine bedingte Erwartung. Nach allem, was ich jetzt weiß. So gesehen ist es bereits Zugabe. Dieses Leben. Das immer mehr Fassade wird. Aufrechterhalten und ausgehöhlt mit Hilfe kleiner grüner Kapseln. Zweimal täglich. Unzerkaut. Ärztliche Kunst wird nach dem Außenzustand beurteilt. Und ich bin mit im Bunde. Auch wenn sie es nicht sagen, merke ich wohl: Das Hinauszögern des körperlichen Verfalls geht zu Lasten der Seele. Also treffe ich meine Wahl. Nein. Ich habe gar keine Wahl.

Ob ich an Verwirrtheitszuständen leide? Schon? Und wenn ich erschrecke, trösten sie. Es könne wieder in Ordnung kommen. Man brauche bloß die Kapseln zu reduzieren.

Bloß? Und was dann?

Ich habe mir eine Grenze gesetzt. Das hört sich ganz logisch an. Man kann es sogar offen sagen. Man findet Zustimmung. Es ist wie ein Versprechen. Je mehr es akzeptiert wird, um so niederdrükkender wird der Gedanke. Der eigene Entschluß wandelt sich in fremdes Urteil. Man ist verurteilt.

Ich schlucke die grünen Kapseln und bin auf Halluzinationen eingestellt. Es überrascht mich also nicht. Ich muß gestehen, ich empfinde sogar eine gewisse Neugier. Ich habe mich entschlossen, die Kontrolle nicht zu verlieren. Realität und Scheinwelt zu scheiden. Wenigstens, soweit dies durch rationale Verfahrensweise möglich ist. Und hier liegt es auf der Hand. Die Dame vor mir in meinem Drehsessel ist seit fünfzehn Jahren tot.

Sie wehrt sich sofort dagegen, lediglich ein Produkt des gestörten Dopaminhaushaltes in meinem Zentralnervensystem zu sein. Mit schöner, klarer Altfrauenstimme und deutlich wienerischem Akzent erklärt sie unser Zusammentreffen durch eine unwahrscheinliche, doch mögliche Kollision zweier Traumwelten, die den Gesetzen von Raum und Zeit nicht unterworfen seien. Es ist ihr offenbar daran gelegen, zwischen uns eine Gleichwertigkeit herzustellen.

Hierzu entgegne ich: Wenn sie auf Traum bestehe, was man ihr nicht verübeln könne, da gewisse Erkenntnisse der Hirnforschung erst nach ihrem Ableben gefunden worden seien, wenn sie also darauf bestehe, könne es sich einzig und allein um meinen Traum handeln, weil man zwar in die Vergangenheit, aber nicht in die Zukunft träumen könne. Ich meine, in die reale Zukunft. Nicht zu verwechseln mit Zukunftsträumen. Ich verheddere mich in der Mehrdeutigkeit sprachlicher Logik.

Aber sie ist Physikerin. Naturwissenschaftlerin wie ich. Wir sind nicht angewiesen auf die Produktivität sprachlicher Mißverständnisse. Der Tod entbinde die Zeit von ihrem Gerichtetsein. Behauptet sie.

Diese Erfahrung hat sie mir voraus. Hierzu kann ich nichts sagen. Doch scheint es mir fragwürdig. Was ich zum Ausdruck bringe. Auch, daß sie bereits früher falsche Theorien verfochten hat. Dies sogar mit einigem Erfolg.

Sie ist verärgert. Kann jedoch nicht widersprechen, denn die Fakten sind allgemein bekannt. Sie will etwas sagen. Schweigt dann aber. Verblaßt. Und ist verschwunden.

3

Dieser erste Fall übersinnlicher Wahrnehmung beunruhigt mich doch. Vor allem die Eigenständigkeit der Erscheinung. Und warum muß es gerade die Lise Meitner sein. Diese Physikerin, die an der Entdeckung der Uranspaltung beteiligt war. Damit haben wir jetzt genug Schlamassel. Wahrlich.

Eigentlich könnte es mir gleichgültig sein. Für mich reicht sie gerade noch, die Beschaffenheit der Welt. Ich könnte mir sogar die Hände reiben und sagen: Was mir widerfährt, ist lediglich ein Gleichnis. Wartet nur! – Aber der Triumph bleibt mir im Halse stecken.

Lise Meitner ist neunzig Jahre alt geworden. Ich bin mit der Hälfte ziemlich am Ende. Aber das ist nicht wichtig. Es will mir scheinen, als hätte ich mir ein unmäßiges Stück Leben herausgeschnitten. Was kann ich bereits alles abhaken. Fast gibt es nichts mehr zu versäumen. Ich bereue beinahe, sie beleidigt zu haben. Es war nicht fair. Habe ich nicht meine eigenen Schreibtischqualen beklagt. Wie muß sie erst verletzlich gewesen sein. Sie: Nie Geliebte. Nie Mutter. Wie muß sie unter Leistungszwang gestanden haben. Wie ein Mann. Mehr als ein Mann.

Ach nein. Ich bin ein bißchen verwirrt. Bereuen hieße ja, ihre unabhängige Existenz anerkennen. Ich versuche den Spuk zu vergessen und verbünde mich mit der Realwelt. Stelle das Radio an und höre von morgens bis abends Berichte, Kommentare, Debatten, Beschlüsse. Sicherheit durch Abschreckung. Mehr Sprengköpfe. Mehr Raketen. Dabei geht es in Wirklichkeit längst um ganz neue Waffen.

Der Mensch ist gut. Der Mensch will das Böse nicht. Aber die Verhältnisse. Die ökonomischen. Diese verfluchten. Und die KZ-Ärzte? Und die Waffenhändler? Und die Strategen, die mit Megatoten rechnen?

Nachts erwache ich weinend. Ich kann mich an keinen Traum erinnern. Aber es ist, als läge ein Stein auf meiner Brust. Ich muß die Fenster schließen, weil sie im Heizwerk wieder die Filter abgeschaltet haben.

4

Ein grauer Herbsttag zieht herauf. Ich kämpfe mit der Morgenbenommenheit. Jeder Ehrgeiz ist wie weggeblasen. Alles, was mir noch gelingen kann, wird nicht von Bedeutung sein. Keine Aufgabe, die am Leben erhält.

Das sei ihr nicht unvertraut. In solchem Zustand habe sie sich befunden, nachdem sie 1938 Deutschland verlassen hatte. Sagt Lise Meitner. Sie ist also wieder da. Sitzt wieder in meinem Zimmer. Und dieses Mal bin ich schon weniger überrascht.

Das Siegbahnsche Institut in Stockholm sei unvorstellbar leer gewesen. Ein schöner Bau, in dem sich ein Cyclotron und viele andere große Röntgen- und spektroskopische Apparate im Aufbau befanden. Aber an experimentelle Arbeit nicht zu denken. Es gab keine Pumpe, keinen Widerstand, keinen Kondensator. In dem weiten Haus nur jüngere Physiker und eine bürokratische Arbeitsordnung. Siegbahn – uninteressiert an Kernphysik, selbstsicher und mit einer Vorliebe für große Apparate. Allmählich gewann sie den Eindruck, daß er sie nur widerwillig aufgenommen hatte. Sie war sehr einsam und verzweifelt. Sie hatte einen Arbeitsplatz, aber keine Stellung, die ihr ein Recht auf irgend etwas gab. Sechzig Jahre alt. Seit neun Monaten lebte sie in einem kleinen Hotelzimmer.

Mit sechzig wird auch von mir nichts mehr erwartet. Mit sechzig werde ich emeritiert. Was reden wir da. Wenn ich mit sechzig noch lebe, bin ich ein Pflegefall. Der Sprache nicht mehr mächtig. Schon geht die Zunge nicht so flugs wie einst. Die Lähmungen werden sich ausbreiten. Schon versagt die Hand ihren Dienst. Die Mimik starr, werde ich völlig in mich eingeschlossen sein.

Ja. Auch sie habe an Selbstmord gedacht. Leben sei keine Frage von Beweglichkeit.

Wir schauen uns an und sind uns sehr vertraut, was nicht erstaunen kann. Ist sie doch ein Teil von mir. Mein Geschöpf. Ich sehe sie in ihrem Hotelzimmer in Stockholm. Ein schmaler, hoher Raum. Ein schwarzer Schrank. Waschtisch mit Krug und Porzellanschüssel. Sie hockt klein und verlassen auf dem Bett. Den Kopf gesenkt. Die Hand klammert sich an den Nachttisch, an die Platte aus imitiertem Marmor. Das klägliche Licht der Lampe. Viel zu schwach, um zu lesen oder zu arbeiten. Sie hat auch gar keine Bücher da. Die Trennung von den Büchern ist fast so schmerzlich wie die von den Menschen.

O nein. Das ist nicht vergleichbar. Die Bücher sind unschuldig. Briefe verstreut über den kleinen Tisch an der Wand. Angefangene, wieder verworfene. Es ist unendlich schwer, gerecht zu bleiben.

Ich sehe das alles vor mir, als wäre ich dabei gewesen. Gerade habe ich vier Wochen London abgesagt. Was man in unseren Landen keinem erklären kann. Die Einsamkeit eines Hotelzimmers. Die Flucht hinaus. Die Depressionen in den frühen Abendstunden. Oberflächliche Gespräche. Immer die gleichen.

Provinzialismus, der nicht mehr ortsgebunden ist. Und natürlich auch Demütigungen. Mit schwindender Leistungsfähigkeit sinkt die eigene Sicherheit. Schon brauche ich das Korsett von Titel und Amt. Eine Stütze, die draußen nicht trägt. Schon brauche ich die Wohligkeit der Gewohnheit. Der

Vertrautheit. Schon sind Neuanfänge schwer vorstellbar.

Die fremde Sprache. Sie konnte sich die fremde Sprache nicht mehr zu eigen machen. Ein nachlassendes Neugedächtnis? Das auch. Sicher. Aber es erklärt nicht die Abneigung. Regelrechter Widerwille.

Gewiß. Sie war gerettet. Sie lebte. Noch wußte sie nicht, wieviel das bedeutete. Unvorstellbar noch, was kommen würde. Obwohl alles offen ausgesprochen war. Ein klares Programm.

„... ich muß sagen, daß die Jahre bis 1933 sehr anregend waren. Wir brauchten und entwickelten in beiden Abteilungen komplizierte Geräte, und wir waren umgeben von einer Schar junger Leute, Doktoranden und Mitarbeiter, die nicht nur von uns lernten, sondern von denen auch wir sehr viel lernen konnten, was die menschlichen Beziehungen und manchmal auch unsere Arbeit betraf. Uns verband wirklich ein sehr starkes Gefühl der Gemeinschaft, das auf gegenseitigem Vertrauen beruhte und ermöglichte, die Arbeit auch nach 1933 fast ungestört fortzusetzen, obgleich man in politischen Ansichten nicht ganz einer Meinung war; denn alle waren sich in dem Wunsch einig, unsere persönliche und berufliche Gemeinschaft nicht zerstören zu lassen. Dies war ein besonderer Wesenszug unseres Kreises, den ich bis zu meinem Weggang aus Deutschland ohne Unterbrechung erleben konnte."

„Nicht ganz einer Meinung war ...!" Das ist falsch und erbärmlich. Vielleicht entspricht es den Tatsachen. Aber man darf es nicht so sagen. Nicht aus heutiger Sicht mit all dem nachträglichen Wissen. Ich springe auf und laufe in meinem Zimmer hin und her. Ich bin ja bereit zur Toleranz. Seit ich selbst Verantwortung trage, urteile ich weniger absolut. Denn schon gilt zu bedenken, was die nach uns sagen werden. Trotzdem. Glaubte sie wirklich, es genügte, österreichische Staatsbürgerin zu sein, um sich raushalten zu können.

Heute? Natürlich weiß sie heute, daß es nicht nur dumm, sondern ein Unrecht war, nicht sofort wegzugehen. Sagt Lise Meitner. Damals machte man sich etwas vor. Glaubte sogar, etwas bewirken zu können. Aber die Greuel überstiegen alles, wovor man sich gefürchtet hatte. „Als ich im englischen Radio einen sachlichen Bericht der Engländer und Amerikaner über Belsen und Buchenwald hörte, fing ich laut an zu heulen und konnte die ganze Nacht nicht schlafen."

5

Meine Großmutter ist verrückt geworden. Jedenfalls wurde es so erzählt. Das Problem wurde in einer zuständigen Klinik gelöst. Ein Teil der größeren, ins Auge gefaßten Endlösung. Denn meine Großmutter war Jüdin.

Sie soll, wurde mir berichtet, eine rassenstolze Frau gewesen sein, die ihre Herkunft direkt auf den König David zurückführte. Geld oder Besitz waren in ihrer Familie nicht Ziel. Nur Mittel. Identifikation fand man in Bildung und Kultur. Man fühlte sich dem umgebenden Kulturkreis so verbunden, daß für alles, was dann geschah, außerhalb liegende Gründe gefunden werden mußten. Die Juden im Osten etwa, denen nachgesagt wurde, sie brächten die Rasse in Verruf.

Aber solche Konstruktionen brachen unter der Wucht der Tatsachen zusammen.

Durch einen Unfall für immer ans Bett gefesselt, hatte sich meine Großmutter mit Büchern und Briefen umgeben. Irgendwann hörte sie auf zu lesen. Sie nahm *ihren* Goethe nie wieder zur Hand. Die Nachrichten aus der Welt wurden spärlicher.

Pünktlich nachmittags um vier öffnete mein Großvater die Tür zum Krankenzimmer. Von der Pflegerin auf den Besuch vorbereitet, lag meine Großmutter frisch frisiert in den Kissen. Mein Großvater sagte: Es freut mich, daß es dir heute gut geht. Dann setzte er sich in den Lehnstuhl an ihrem Bett. Mehr sprachen sie nicht miteinander. Es gab wenig Verbindendes zwischen ihnen. Aber in den letzten Jahren schien es, als sei ihr Schweigen beredt geworden.

Nach einer halben Stunde räusperte sich mein Großvater, der ein starker Raucher war, erhob sich, lief einige Male vor dem Fußende des Bettes auf und ab und verabschiedete sich schließlich.

Als meine Großmutter die Nahrungsaufnahme einstellte, drängte mein Großvater sie nicht. Er widersetzte sich auch dem Entschluß seines Sohnes nicht, die Mutter in eine Klinik einzuliefern. Mein Großvater, ein herrischer, jähzorniger Mensch, hatte alle Energie verloren, seit die Welt seiner

Wertvorstellungen zusammengebrochen war. Bevor die Erbgesetze in Kraft traten, vermachte er alles, was er besaß, diesem Sohn, der sich besser in der neuen Zeit einzurichten schien. Was die beiden einander nicht näherbrachte.

Im Spätherbst, kurz nach dem Tod der Großmutter, kam mein Großvater eines Abends völlig durchnäßt nach Hause. Kein Mensch konnte erklären, wie er in diesen Zustand geraten war. Er mußte zu Bett gebracht werden und war nach wenigen Tagen tot.

6

Vielleicht sind sie einander begegnet. Meine Großmutter Rena und die Lise Meitner, die beide ihre Jugend in Wien erlebten. Vielleicht hat Lises Schwester Auguste das Mädchen Rena auf dem Klavier begleitet. Die Stimme meiner Großmutter wurde allgemein gelobt. Sie hatte eine Vorliebe für Wagner.

Sie erinnere sich nicht. Es habe sie nur wenig zu solchen Geselligkeiten gezogen. Früh sei ihr Interesse für Physik erwacht. Zwei hübsche ältere Schwestern und fünf jüngere Geschwister! Sie schaut mich vielsagend an, als müßte ich verstehen, daß zwei ältere Schwestern und fünf jüngere Geschwister ausreichend Grund wären, sich für Physik zu interessieren. Ich verstehe es. Wir müssen beide lachen.

Der Vater verlangte, sie solle zuerst das Französischlehrerinnen-Diplom machen, damit sie ihren Lebensunterhalt notfalls verdienen konnte. Erst dann wurde ihr erlaubt, sich auf die Matura vorzubereiten. Von vierzehn Kandidatinnen war sie eine der vier, die das Examen bestanden. Mit zweiundzwanzig. Fünf Jahre später promovierte sie an der Universität Wien. Als zweite Frau auf dem Gebiet der Physik.

Herrgott, sage ich. Sind wir vom Thema abgekommen. Eben noch war ich so schön wütend.

Nein. Es gehöre dazu. Wie soll sie sich sonst verständlich machen. Wie sollte ich sonst begreifen, daß ihr wirklich nichts blieb, nach der Flucht aus dem Land der Dichter und Denker. Einfach hinlegen, die Nahrungsaufnahme verweigern. Einfach hinlegen und sterben. Ein bißchen zu einfach wäre das. Nicht wahr.

So einfach ist es nun wieder nicht. Zwar spricht es sich verdammt leicht aus. Versprechungen, die nicht ernst gemeint sind, findet man sich plötzlich beim Wort genommen. Vorläufig aber normalisiert sich mein Seretoninspiegel. Ich sitze am Schreibtisch. Nach wie vor. Bin nie aufgesprungen. Oder?

7

Diese Diskussionen. Jedenfalls, sobald ich auftauche. Ich glaube nicht, daß es allgemein üblich ist. Wahrscheinlich reden die meisten nicht davon. Es muß an mir liegen. Es gibt schon Leute, die mich deswegen meiden.

Angst aus Wissen? Bewahren wir doch Haltung. Stellen wir uns auf einen wissenschaftlichen Standpunkt. Irgendein Träger vom Code Leben wird schon durchkommen. Und alles beginnt von vorn. Replikation. Mutation. Die Evolution geht weiter. Rückschläge hat es immer gegeben.

Und die Ideale. Diese harmonischen Szenarien. Jedem der gleiche Autotyp.

Mann, das steht längst nicht mehr zur Debatte. Waren das noch Probleme.

Und dieses Gleichgewicht. Natürlich labil. Immer kurz vor der Katastrophe. Arbeiten. Kinder zeugen. Soldaten. Und Überlebenskader. Jemand muß doch noch auf den Knopf drücken können.

Sage mir eine Alternative, und ich sage dir, wer du bist. Vielleicht nur ein Dummkopf. Dummheit ist allerdings tödlich. In diesem Fall.

Einer, ein Neunmalgescheiter, weiß bereits alles. Wirf doch, sagt er, wirf diesen Individualhumanismus über Bord. Nun geht es ums Ganze. Denk an den Stand der Produktivkräfte. Und die Verknappung der Luft, diesmal. Daraus folgt es schon: Ameisenstaat. Eine Zentrale. Ein Gehirn. Ein Organismus. Bist du als Afterzelle vorgesehen, halt gefälligst den Mund.

Ach, diese Diskussionen. Immer am Abend. Die Schweißausbrüche in der Nacht. Das zerknautschte Bettlaken. Und die Gewißheit, daß es wieder nichts wird mit dem klaren Kopf am nächsten Tag.

Ich bin geschichtslos. Zu spät geboren, um mitschuldig zu werden. Zu betroffen, um Mitschuld nachträglich für möglich zu halten. Ohne Identifikation mit Vergangenheit.

Gewiß. Es gab Angebote. Berichte von Menschen, die widerstanden hatten. Sie erwiesen sich als die wahren Sieger der Geschichte, auch wenn man sie gemordet hatte. Nun wurden sie für das ramponierte Selbstwertgefühl eines Volkes dringend benötigt. Ich bewunderte sie. Ich verehrte sie. Nur als ihresgleichen konnte ich mich nicht verstehen. Das wäre nicht ehrlich gewesen. Vielleicht trug auch ich einen Springquell an Mut in mir. Aber wie konnte ich dessen sicher sein, wenn mich schon die Vorstellung von Folter und Todesurteil in Grauen und Angst versetzte. Auf die Frage: Hätte ich bestanden? gab es keine Antwort. Also: nicht weiter nachdenken. Glücklich, in einer Zeit zu leben, in der Heroismus nicht notwendig ist. Geschichte blieb ein von Heldensagen umrankter ökonomischer Prozeß, der mit mir wenig zu tun hatte.

Nun diese Vision. Worauf läuft das hinaus? Auf erneute Selbstquälerei?

Lise Meitner wurde als drittes von acht Kindern eines Rechtsanwaltes in Wien geboren. Beide Elternteile hatten jüdische Vorfahren. Bereits als Kind interessierte sie sich für Mathematik und Naturgeschehen.

Diese Information muß bei mir abrufbar gewesen sein. Irgendwo im Unbewußten gespeichert. Ich darf nicht den Überblick verlieren. Sie will mich verwirren. Das wird mir klar. Sie spielt mir Fakten zu, die ich scheinbar nicht wissen kann. Aber ich werde ihr einen Strich durch die Rechnung machen. Sie ist tot. Das will ich festhalten. Sicher habe ich davon gelesen. Sonst hätte ich es schließlich nicht parat. Es wird ja so vieles publiziert. Breite Sympathie ist gewiß, wenn es um den weiblichen Teil der Menschheit geht.

Ich merke, wie ich bereits auf sie warte, sie vermisse. Aber es steht offenbar nicht in meiner Macht, hier etwas zu erzwingen.

9

Als ich fast nicht mehr darauf hoffe, sitzt sie wieder in meinem Zimmer.

Es habe Vorbehalte gegen mich gegeben. Sagt Lise Meitner. Aber sie hätte schließlich alle überzeugt.

Was für Vorbehalte? Frage ich. Und wer ist *alle*?

Ich solle keine überflüssigen Fragen stellen. Alles werde sich finden.

Nun auch die Toten. Spielen sich auf. Ich lebe! Ich! Woher diese Sicherheit?

Vor Zorn verengen sich meine Gefäße. Ich schreie. Weil ich so ein Gefühl zwischen den Schenkeln habe, daß ich unverzüglich einem Mann die Kleidung vom Leib reißen könnte. Weil ich weiß, daß ich heute fruchtbar bin. Ohne Basaltemperaturmessung oder ähnliche Kniffe. Ein bißchen Paradies. Sehr viel Hölle. Eben Leben.

Biologie. Tierreich. Sie lächelt hochmütig.

Gewiß. Biologisch weiblich. Mit einem Zyklus im Hypothalamus. Mit einem monatlichen Sommernachtstraum. Mit der Fähigkeit, einen Esel in einen Prinzen zu verwandeln. Die Biologie ist schon in Ordnung. Die ja. Als soziales Wesen wäre ich lieber ein Mann. Das ist wahr. Sozial fühle ich mich unvollständig.

Sie habe sich stets komplett gefühlt. Diese Lust des Denkens. Diese kleinen Siege. Diese Überlegenheit.

Sie lügt. Das sind Lügen von der Art, die man zum Überleben braucht. Die man erbittert verteidigt, weil man selbst an sie glauben muß. Sie lügt.

Aber sie läßt sich nicht provozieren. Was ich offenbare, bestätige die Einwände, die es gegen mich gäbe. Unsicherheitsfaktoren, die nicht außer acht gelassen werden könnten. Manches sei über mich bekannt, was meine Glaubwürdigkeit mindere.

Ich kann nicht verhindern, daß sich in meinen Vorstellungen sofort ein Sündenregister abspult. Als hätte es auf Abruf bereitgelegen. Dabei habe ich den Begriff *Sünde* längst für mich gestrichen. Aber die übermächtige Erziehung.

Schon bei unserer ersten Begegnung 1958 sei ihr Eindruck zwiespältig gewesen. Gute fünfundzwanzig Jahre liegt das nun zurück.

Fünfundzwanzig Jahre? Ich: Studentin der Physik. Drittes Studienjahr. Platinblondes Haar im Marilyn-Monroe-Look. Wippender Petticoat. Hautenger Pulli.

Und dann die Erinnerung. Der Festakt. Plancks hundertster Geburtstag. Die Order, uns bereit zu halten, um leerbleibende Plätze zu füllen. Unsere Begeisterung ist noch stark genug, daß sie solches überlebt. Dabeisein. Die Großen sehen und hören. Max Volmer. Gustav Hertz. Max von Laue. Otto Hahn. Bloß diese Frau dort auf der Bühne? Laborantin von Otto Hahn. Wie heißt sie gleich? Lise Meitner. Nie gehört. Emigrieren mußte sie. Sonst wäre sie bei der Entdeckung der Kernspaltung dabeigewesen. Ach so. Es ist also eine politische Geste. Sympathisch. Trotzdem – irgendwie peinlich. Unpassend. Und natürlich: schwarzes Kleid und Knoten. Und ich bekomme im Examen eine Note schlechter, weil man mir mein Interesse für Physik nicht glaubt.

Sie war achtzig!

Und ich zwanzig!

10

Im Frühjahr 1907 habilitierte Otto Hahn auf dem Gebiet der Radiochemie und führte dieses Arbeitsgebiet in Berlin ein. Er suchte die Unterstützung eines Physikers. Sie waren gleichaltrig, und er hatte nichts gegen Frauen. Sie arbeiteten im Institut von Emil Fischer, der ihr nicht erlaubte, mit den Studenten zusammenzutreffen. Hahn hatte für seine radiochemischen Arbeiten einen früher als Holzwerkstatt benutzten Raum im Souterrain zur Verfügung, der einen separaten Eingang besaß. Hier durfte sie arbeiten.

Als zwei Jahre später das Frauenstudium in Preußen gesetzlich geregelt wurde, hob Fischer die Einschränkung sofort auf. Überhaupt hat er sie nach Kräften unterstützt. Es gab Assistenten am Chemischen Institut, die grüßten, wenn sie ihr und Hahn gemeinsam begegneten, demonstrativ mit „Guten Tag, Herr Hahn!" Aber durch Planck, dessen Assistentin sie wurde, fand sie schnell Zugang zu dem Kreis der Berliner Physiker.

Ich gehe zum Schrank, nehme ein Buch heraus, schlage es auf und lese vor: „... Wenn eine Frau, was nicht häufig, aber doch bisweilen vorkommt, für die Aufgaben der theoretischen Physik besondere Begabung besitzt und außerdem den Trieb in sich fühlt, ihr Talent zur Entfaltung zu bringen, so halte ich es, in persönlicher wie auch in sachlicher Hinsicht, für unrecht, ihr aus prinzipiellen Rücksichten die Mittel zum Studium von vornherein zu versagen; ich werde ihr gern, soweit es überhaupt mit der akademischen Ordnung verträglich ist, den probeweisen und stets widerruflichen Zutritt zu meinen Vorlesungen und Übungen gestatten, und habe in dieser Beziehung auch bis jetzt nur gute Erfahrung gemacht.

Andererseits muß ich aber daran festhalten, daß ein solcher Fall immer nur als Ausnahme betrachtet werden kann ... im allgemeinen aber kann man nicht stark genug betonen, daß die Natur selbst der Frau ihren Beruf als Mutter und als Hausfrau vorgeschrieben hat, und daß Naturgesetze unter keinen Umständen ohne schwere Schädigungen, welche sich im vorliegenden Falle besonders an dem nachwachsenden Geschlecht zeigen würden, ignoriert werden können."

Wissen Sie, wer das geschrieben hat? Frage ich.

Nein.

Max Planck.

Sehr gut.

Was, rufe ich, und Sie selbst?

Ich bin die Ausnahme. Erwidert Lise Meitner.

Und ich? Was bin ich?

II

Alles war aufregend und geheimnisvoll. Die ungeheure Wende im naturwissenschaftlichen Denken. Die ganz neuen, vorher unerahnten physikalischen Vorstellungen. Kühne Gedankenkonstruktionen. Heisenbergs Weltformel. Die Physik der zwanziger Jahre. Göttingen. Berlin. Kopenhagen. Es wehte noch etwas herüber über die dunklen Jahre. Noch war da eine Erinnerung, die wie ein Sog wirkte. Als könnte man daran anknüpfen. Als wäre Wissenschaft etwas Abstraktes. Nicht gebunden an ihre Träger.

Es ist ein sonniger Apriltag. Wir stehen zu dritt vor der Staatsoper, Unter den Linden. Sehen die geladenen Gäste hineingehen. Versuchen, diesen und jenen zu identifizieren. Und wir fassen den

Entschluß – ein jeder für sich: Wir werden dazugehören. Später.

Den beiden anderen schien es vorbestimmt, und sie ordneten bereits alles diesem Ziel unter. Sie bildeten die Elite des Studienjahres. Ich war erst gutes Mittelfeld. Und ich wollte außerdem Frau sein. Ich durchschaute die ehrgeizigen Gedanken der anderen. Zählte jedoch für sie nicht. Haß, der aus Diskriminierung erwächst, kann eine gewaltige Triebkraft sein. Allerdings sollte ich schneller zur Spitze gelangen, als ich es in jenem Augenblick ahnte. Nach dem dritten Studienjahr erkannte man drüben unser Abitur an. Sie dachten sehr ökonomisch im anderen deutschen Staat.

Aber jetzt ist erst einmal ein sonniger Apriltag. Vor der Staatsoper in Berlin verhält eine kleine alte Dame den Schritt und schaut zu dem Gebäude auf der anderen Straßenseite. An dieser Universität hat sie sich 1922 als erste Physikerin in Preußen habilitiert. In einem Institut dieser Universität ist sie geachtete Teilnehmerin des berühmten Berliner Physikalischen Kolloquiums gewesen. An dieser Universität ist sie 1926 zur außerordentlichen Professorin berufen worden. 1933 hat man ihr wegen jüdischer Abstammung die Lehrbefugnis entzogen. Später wurde ihr auch die Teilnahme am Kolloquium verwehrt.

Schmerzlich gegenwärtig. Unerträglich beschwert von all dem Furchtbaren, das geschah, als sie schon draußen war und sich doch immer mitbetroffen fühlen mußte. Wie erstaunlich normal hier alles aussieht. Sie kann diese Normalität nie wieder ohne Mißtrauen annehmen. Wie sieht es in den Köpfen der jungen Generation aus? Die Blondine und die beiden Burschen zum Beispiel. Was geht in ihnen vor?

Halt. Moment. Aufnahme. Das war sie. Unsere reale Begegnung.

Ich will etwas dazu sagen. Aber der Platz ist leer.

12

Manches verwundert mich nicht. Der Verlust an Zukunftsträumen schafft den Erinnerungen Raum. Sehnsucht nach einer größeren Kontinuität. Verantwortung für das, was kommen wird. Aber auch die Erkundung des Ursprungs. Der Wurzeln. Nur durch die Relativierung des Ichs ist die eigene Existenz noch ertragbar.

Es gibt Momente, in denen weicht alles Göttliche von mir. Dann bin ich nicht mehr als eine widerwärtige Organisationsform aus Knorpel, Blut, Kot und Schleim. Ich muß mich an der Wand festhalten, um nicht vor Ekel hinzustürzen.

Aber immer gelingt es noch, den Funken wieder zu entfachen. Indem ich mich nach außen wende. Mich in Beziehung setze.

So gesehen, erhalten meine Phantasiebilder ihre Funktion. Meine Begegnung mit Lise Meitner ist wie ein Traum, der fremd und scheinbar zufällig daherkommt und in dem doch alles seine tiefere Bedeutung hat. Auch die anscheinende Unabhängigkeit meiner Visionen erklärt sich so. Ich muß nur achtgeben, Traum und Wirklichkeit zu scheiden. Ich muß nur achtgeben, nicht zu tief hineinzugeraten. Kreativ bleiben. Nicht in wieder und wieder kehrenden Engrammen erstarren.

Durchdenke ich meine übersinnlichen Erlebnisse, so kann ich keine Anzeichen solcher Bedrohung wahrnehmen. Bisher nicht. Im Gegenteil. Es ist, als würde etwas aufgefächert, das bisher im Verborgenen lag. Schon bin ich gespannt. Warte. Gebe im Geist den Gesprächen allerlei Wendungen.

Zunächst kommt es jedoch nicht dazu. Es scheint wie mit den vergessenen Worten zu sein. Je krampfhafter man sich bemüht, ihnen nachzuspüren, desto unerreichbarer ziehen sie sich ins Unbewußte zurück.

13

Am frühen Nachmittag befällt mich gewöhnlich eine Erstarrung, die einer übergroßen Müdigkeit verwandt ist. Stundenlang kann ich auf einem Fleck hocken, ohne mich zu bewegen. Es ist, als wäre alles in mir festgefroren. Sogar der Ablauf der Gedanken stockt.

Der Vorsatz, mich nicht so leicht geschlagen zu geben, stammt aus der Zeit, in der mein Vater seiner Krankheit unterlag. Wenn ich es recht bedenke, so ist es mir früher meistens gelungen, zu den Menschen meiner Umgebung ein ausgewogenes Verhältnis herzustellen. Nur nicht zu denjenigen, mit denen mich ein starkes Gefühl verband.

Der erste, dem ich mit solch überhöhter Empfindsamkeit, und zugleich mit einem unangemessenen Anspruch begegnete, war mein Vater. Ich liebte ihn sehr, und das machte unser Verhältnis kompliziert. Ich konnte weder seine Siege noch seine Niederlagen akzeptieren. Jede Schwäche, jede Fehleinschätzung empfand ich wie eine persönliche Kränkung. Ja, sogar die Geschichte meiner Entstehung habe ich ihm nie völlig verziehen.

Auf meinem Schreibtisch liegt ein Zeitungsausschnitt mit der Überschrift „Das Recht des jüdischen Mischlings". In gotischen Buchstaben. Die wenigen Informationen auf der Rückseite lassen eine zeitliche Einordnung zu: Ende November 1938. Also nach dem systematisch vorbereiteten *Ausbruch des Volkszorns* mit dem schönen Namen *Kristallnacht.*

„Als jüdische Mischlinge ersten Grades werden Mischlinge mit zwei volljüdischen Großelternteilen bezeichnet, während jüdische Mischlinge 2. Grades einen volljüdischen Großelternteil haben. Jüdische Mischlinge 1. und 2. Grades besitzen das vorläufige Reichsbürgerrecht. Sie können die Reichs- und Nationalflagge zeigen und auch den Deutschen Gruß anwenden. Für die Eheschließung der jüdischen Mischlinge sind besondere Bestimmungen ergangen. Während staatsangehörige jüdische Mischlinge 1. Grades zur Eheschließung mit Deutschblütigen oder mit jüdischen Mischlingen 2. Grades der Genehmigung des Reichsinnenministers und des Stellvertreters des Führers bedürfen, können jüdische Mischlinge 2. Grades ohne weiteres Deutschblütige heiraten. Zwischen jüdischen Mischlingen 2. Grades soll eine Ehe nicht geschlossen werden ... Jüdische Mischlinge können nicht Beamte werden, auch nicht Ehegatten von Beamten. Jüdische Mischlinge können weiterhin nicht Bauer sein. Für die Zulassung zum Ärzteberuf hat der Reichsärzteführer besonders bestimmt, daß in nächster Zeit kein jüdischer Mischling als Arzt bestellt werden darf, ebensowenig ein Deutscher, der mit einer Jüdin oder einem Mischling verheiratet ist. Als Apotheker sind jüdische Mischlinge 1. und 2. Grades zugelassen. Dagegen können sie in Zukunft auch nicht Rechtsanwälte werden." Und so weiter.

Auf dem Rand des Zeitungsausschnitts steht in der Handschrift meines Vaters: Mit Maschine abschreiben! Dreifach! Also glaubte er immer noch an Recht.

War das alles so schwer zu durchschauen?

Demagogie in diesem Ausmaß, in dieser Unverfrorenheit, hat es das zuvor gegeben? Und wie geschickt es sich anläßt. Fast solide in seiner Exaktheit. Einem Volk, das von Jugend an zum Glauben an Recht und Ordnung erzogen wurde, auf die Haut geschneidert. Hätte ich, neben persönlichem Erschrecken, neben qualvoller Betroffenheit, erkannt, daß hier ein Volk systematisch an die Verachtung anderer Nationen gewöhnt wird? Hätte ich erkannt, wie sich das Ganze in ein Programm zur psychologischen Kriegsvorbereitung einordnet?

Und wenn sie es begriffen hätten, was konnten sie tun? Mein Vater? Lise Meitner?

14

Es ist immer möglich. Sagt Lise Meitner.

Was?

Etwas zu tun.

Ich fühle mich angegriffen. Es ist, als ob ich für das Aufrechterhalten meines seelischen Gleichgewichts alle Kraft verbrauche. Geringe Unregelmäßigkeiten können mich in die aggressivsten Stimmungen versetzen. Ich bin nicht bereit, mir moralisierende Reden anzuhören. Vor allem nicht von jemandem, der sich ein Jahr nach Hiroshima von der amerikanischen Presse zur Frau des Jahres küren ließ. Welch zweifelhafte Ehre. Heute mehr denn je.

Ach die Zeitungen. In Erinnerungen vertieft, kichert sie. Und ihre Stimme hat diesmal etwas Brüchiges. Die Presse hatte auch berichtet, daß die *jüdische Assistentin Professor Hahns* mit dem Herstellungsgeheimnis der Bombe ins Ausland geflüchtet sei. Alle Unterlagen über die *Hahnschen Ketten* wären von ihr bei der Flucht in dem Stahlfach einer Wiener Bank hinterlegt und bald darauf den Alliierten ausgehändigt worden.

Ich kann das nicht spaßig finden.

Ich sehe sie vor mir im schwarzen Kostüm mit weißem Spitzenkragen. Zierlich. Die kräftige Nase. Die vorspringende Oberlippe. Die Haare straff nach hinten in einem Knoten zusammengesteckt. Eine Frau, mit der „nicht gut Kirschen essen" ist.

Als Otto Hahn im Dezember 1946 in Stockholm eintraf, um den Nobelpreis, der ihm ein Jahr zuvor trauen wie den eigenen. Wenn er sagte, am Tag meiner Geburt blühten die Rosen und schwärmten die Glühwürmchen, ist es absolut sicher, daß es sich so verhielt.

Ach so. Sagt die Meitnerin. Ich wäre also an jenem Tag geboren worden. Nun verstünde sie, wieso man gerade auf mich verfallen sei.

Wer ist auf mich verfallen?

Das könne sie nicht erklären. Dazu sei sie nicht befugt. Aber – ob ich mir nie Gedanken über den Ursprung meiner Leiden gemacht hätte.

Was?

Es scheint, ich habe soeben geschrien.

Sie erhebt sich, geht ein bißchen steif aus der Hüfte heraus und verläßt zum erstenmal die Wohnung durch die Tür.

15

Natürlich sind da Gedanken. Wann es begann. Die ersten Symptome. Sieben, acht Jahre. Nein, es reicht viel länger zurück. Hat man es eigentlich nicht immer gewußt. Déjà vu. Alles Folgende wa lediglich Entwicklung. Beschleunigt durch diese Geschichten mit ihren Abstürzen. Bruchlandun gen. Hätte man sich die vom Leibe halten sollen Nein. Man würde wieder genauso hineintrudeln Auch in Kenntnis des Preises. Vielleicht würde al les noch schlimmer.

Als Kind? War man nicht immer schnell e schöpft? Ein langes Training, um Erschöpfunge

zuerkannt worden war, in Empfang zu nehmen, erwarteten ihn ein Attaché des schwedischen Außenministeriums, eine Schar Journalisten und Lise Meitner. Es war ihr erstes Wiedersehen nach dem Krieg. Und sie gleich mit Vorwürfen. Daß er sie aus Deutschland weggeschickt hat! Er hätte es nicht tun dürfen. Schlecht verhohlene Enttäuschung. Dreißig Jahre gemeinsame Arbeit, und der Mann erhält den Nobelpreis allein.

Sie war ungerecht. Fakt ist, die Entdeckung, die gehörte dem Otto Hahn. Und dem Straßmann. Das mit Fritz Straßmann ist eine viel schwierigere Geschichte. Er war 1938 bei den entscheidenden Experimenten dabei. Ohne ihn wären sie nicht gelaufen. Die Meitnerin jedenfalls hatte die Entdeckung durch eine falsche Theorie behindert. Eine streitsüchtige Person.

Papperlapapp. Sie gerät in Erregung. Sie nestelt nervös an ihrer Kleidung. Er hätte mich nicht wegschicken dürfen. Und meint damit Otto Hahn.

Ist sie besessen? Hat sie vergessen, was sie selbst am Telefon mitstenografierte: „Im Auftrag des Herrn Reichsministers ... darf ich Ihnen auf Ihr Schreiben ... ergebenst mitteilen, daß politische Bedenken gegen die Ausstellung eines Auslandspasses für Frau Professor Meitner bestehen. Es wird für unerwünscht gehalten, daß namhafte Juden aus Deutschland ins Ausland reisen, um dort als Vertreter der deutschen Wissenschaft oder gar mit ihrem Namen und ihrer Erfahrung entsprechend ihrer inneren Einstellung gegen Deutschland zu wirken.“

Gab es nicht eine Anordnung, daß kein Universitätsgelehrter künftig Deutschland verlassen durfte. Spät, sehr spät besann sich dieses Regime, daß Wissenschaft ein Machtfaktor ist. Nicht einvernommen worden zu sein, war kein Verdienst der Wissenschaftler. Es lag an der Dummheit des Systems.

Ausländische Kollegen schalteten sich ein. Bewirkten, daß Lise Meitner ohne gültigen Paß und ohne Visum in Holland einreisen durfte. Ohne jemandem etwas zu sagen, wurde ein Handkoffer gepackt. Die letzte Nacht schlief sie bei den Hahns. Der Aufenthalt in ihrer eigenen Wohnung schien zu gefährlich. Sie hatte Glück und geriet in keine der Kontrollen, die in den ins Ausland fahrenden Zügen vorgenommen wurden.

Die Meitnerin beruhigt sich wieder, lehnt sich im Sessel zurück und sieht mich geringschätzig an. Es war Mord. Sagt sie. Da sind hundert Möglichkeiten, einen Menschen umzubringen. Wenn man jemandem, um ihn vor Mördern zu schützen, selbst den Gnadenstoß gibt, ist das nicht ebenfalls Mord? Ein Leichnam. Seit dem Tag, an dem sie mit einem Handkoffer illegal die Grenze nach Holland passiert. Obgleich sie noch dreißig Jahre in den amtlichen Registern geführt werden wird.

Ich verstehe kein Wort. Oder doch. Ist nicht der Tod Negation von Leben. Muß einer also erst definieren, was *Leben* meint, ehe er *Tod* sagt. Die übliche Umkehrung – Leben gleich Nichttod – ist dies nicht eine entsetzliche Geringschätzung.

Das Gefühl zwischen den Schenkeln macht es nicht. Jedenfalls reicht es nicht aus. Fast schäme ich

mich jetzt. Nicht dafür, daß es mir hin un
so wird. Das ist schon gut. Nur sollte man
viel Wesens darum machen.

Stellt man die Sache auf die Füße: T
Nichtleben. Und das Leben? Ja, das Lebe
man das so richtig prall erfindet, könnte e
hen, man macht die jammervolle Entdec
reits ziemlich weitgehend *nichtlebend*
Irgendwann fängt es an. Das Vorsichhi
Nicht aufsehenerregend. Nicht dramatisc
meisten Fällen wenigstens nicht. Nicht so
bar wie bei der Meitnerin.

Ach was. Lassen wir die Sache auf dem
kann doch unmöglich sagen, an dem Tag
die Lise Meitner vor dem Ungeist gerett
hat man sie in Wirklichkeit umgebracht.
ich nicht einmal, indem ich mir die Freihe
sie zu meiner Erscheinung zu machen.

Kehren wir also zu mir zurück. Denn d
an dem Lise Meitner ohne Paß das Lan
ein gutes Vierteljahr vor der Nacht, die s
nacht nennen werden, dieser Tag war a
Tag.

Ein schöner, warmer Sommertag. D
standen in üppiger Blüte. Der Abend wa
den Gärten tanzten die Glühwürmchen.

Die Meitnerin wundert sich. Versuch
erinnern. Viel Sinn hat sie nicht gehabt
Tag, weder für Rosen noch für Glühw
Woher ich das alles weiß.

Von meinem Vater. Der war ein
Mensch. Aber seinen Erinnerungen ko

zu überwinden. Wenigstens das hat man. Und Träume. Die hat man auch.

Wie lange schon. Vielleicht hat es wirklich etwas mit dem Geborenwerden zu tun. Mit diesem gräßlichen Hineinzwängen in die Welt. Vielleicht rührt alle Lebenslust daher, daß man bereits darum gelitten hat.

Oder war alles viel früher festgelegt? Im genetischen Code? Hat nicht beispielsweise die Großmutter die Nahrungsaufnahme verweigert? Wurde ihr Leben nicht in einer Nervenheilanstalt beendet? Aber war sie wirklich verrückt? War ihr Entsetzen denn wirklich Wahnsinn? Ist sie nicht die einzige Hellsichtige gewesen, in einer blinden, tauben Umwelt, die nichts begreifen wollte.

16

An einem naßkalten Dezembertag stand ein etwa dreißigjähriger Mann an der steil abfallenden Wand eines Schiefertagebaus. Die Arbeiter, die damit beschäftigt waren, Sprenglöcher zu bohren, sahen seine Silhouette hoch oben gegen den verhangenen Himmel. Der Chef.

Die Männer veränderten ihren Arbeitsrhythmus nicht. Man gab sich ohnehin Mühe. Es war Krisenzeit. Zu Hause in den Dörfern grassierte die Schwindsucht.

Indessen war der *Chef* ganz nahe an den Abgrund herangetreten. Blaßgrüne Schüsselflechte und glitschiges Moos zog sich über den brüchigen Stein. Ein leichtes abzurutschen. Vor Zeugen glaubwürdig einen Unfall simulieren. Vorher eine Lebensversicherung abschließen. Und die Familie wäre versorgt.

Er hob eine der blauschwarzen Platten auf und warf sie im derben Schwung zu Boden. Sie zerbarst in viele kleine Stücke.

Unsinn. Sie würden nicht zahlen. Es hieße: *jüdischer Schwindel.* Würde es sowieso heißen. Er hatte eine Gesellschaft mit dem schönen Namen „Hoffnung", natürlich mit beschränkter Haftung, gegründet und sich als Direktor eingesetzt. Er hatte diesen alten Tagebau gekauft und stand kurz vor der Pleite. Der Schiefer war brüchig. Unternehmer. Halbjude. Das war wohl dann das Ende.

Mit solchen Gedanken kehrte er auf den schmalen Steig zurück, der hinunter in die Tiefe führte. Auf halber Höhe hielt er inne. Er hatte eine Idee.

Nein. Meine Großmutter war nicht verrückt. Dann schon eher mein Vater. Der war sogar übergeschnappt genug, die Nürnberger Gesetze zu begrüßen. Schlechtes Recht wäre besser als gar kein Recht. Und nun wisse man wenigstens wieder, woran man sei. Könne sich einrichten.

Sich einrichten. Sich arrangieren. Was soll man dazu sagen. Meingott, wollten die damals wirklich nichts kapieren.

Hinter einem Plan oder hinter mangelhaften Ressourcen konnte man sich nicht verstecken. Man mußte sich etwas einfallen lassen. Denn Geld brauchte man unter diesen Umständen. Schon um die Kinder später im Ausland studieren zu lassen. Und zu verheiraten natürlich.

Natürlich!

Nein, meine Großmutter war nicht verrückt. Auch ihre Angst, jemand wolle sie vergiften, kann nicht als Verfolgungswahn abgetan werden. Schließlich gab es Motive. Die Jüdin gefährdete die Familie.

17

Die Jüdin gefährdete das Institut.

Da ist sie also wieder. Und ich will gerade das Hauptgebäude der Akademie betreten. Vorbei an der Wache. Den Dienstausweis zückend. Zum Glück kann niemand sonst sie sehen. Denke ich. Und wie ich es denke, hält auch sie einen Ausweis hoch. Der Polizist nickt freundlich und läßt sie nach mir passieren.

Ich gehe in die Kantine. Um diese Zeit gibt es dort freie Tische. Meine Hände zittern so heftig, daß ich vorerst auf Essen verzichte. Was nun?

Bisher glaubte ich, Realwelt und Halluzination gegeneinander abgrenzen zu können. Wie aber weiter, wenn die Wesen meiner Phantasie mit dem, was ich meine objektiv existierende Umwelt nenne, Kontakt aufnehmen, ohne mich als Medium zu benötigen. Dann kann doch nur die Grenze falsch gezogen sein. Heißt das nun, dieses Gebäude mit seiner Bürokratie ist nicht existent? Nur ein Produkt meines kranken Gehirns? Unmöglich. So etwas kann man sich nicht ausdenken. Oder ist die Meitnerin gar nicht die Meitnerin, sondern jemand, der sich als Gespenst ausgibt?

Sie bewegt sich, als wäre ihr alles vertraut. Bringt mir sogar Kaffee vom Tresen. Ihre Hände zittern auch. Aber bei ihr paßt es zum Alter.

Ich verbitte mir jede Einmischung in meine Angelegenheiten! Ich verbiete Ihnen, hierher zu kommen! Sie haben hier nichts zu suchen! Ich sage es scharf, aber so leise, daß man es an den Nachbartischen nicht hören kann.

Wieso? Sagt sie. Ich bin korrespondierendes Mitglied dieser Akademie. 1949 vom Plenum einstimmig gewählt.

Sie kann auf etwa hundertfünfzig wissenschaftliche Publikationen verweisen. Solche Statistiken seien doch jetzt bei uns beliebt. Sie habe neulich eine Magnifizenz sprechen hören, die Forschungsleistungen ihrer Hochschule in Prozentzahlen vorrechnete. Sehr verwundert sei sie gewesen. Aber außer ihr hätte niemand etwas dabei gefunden.

Sofort fällt mir jene hoch angebundene Tagung mit strenger Einlaßkontrolle ein. Es scheint, ich werde allmählich ein Sicherheitsrisiko. Bisher ist es nur die Meitnerin. Könnte es nicht sein, daß die Erscheinungen sich mehren, die durch mich Zutritte erlangen, die ihnen eigentlich verwehrt wären.

Sie läßt sich nicht beirren. Fährt fort, sich ins rechte Licht zu setzen.

Gewiß gab es auch Fehler. Die Transurane etwa. Eines nach dem anderen hätte zurückgenommen werden müssen. Erst das Eka-Platin, das sich als Jodisotop entpuppte. Dann das Eka-Iridium, das Eka-Gold. Und so fort. Das erste wirkliche Transuran, das Neptunium, wurde von zwei Amerikanern entdeckt. Bitter, daß Hahn und Straßmann die Fehler später allein herausfanden, während sie in Stockholm saß. Aber darüber, über ihre falsche Theorie nämlich, wäre sowieso noch zu reden. Als ihre wesentlichen wissenschaftlichen Leistungen sehe sie ihre Beiträge zur Klärung der Natur von Beta- und Gammastrahlung an. Das wäre schon einen Nobelpreis wert gewesen.

O diese Eitelkeit! Diese großen, ach so kleinen Geister. Das Geschrei um Prioritäten. Diese unbeabsichtigten Kränkungen.

Albert Einstein nannte sie *unsere Madame Curie.* Alle sahen es als Ehre. Sie blieb stumm. Einem Einstein war nicht zu widersprechen. Aber sie wollte Lise Meitner sein.

Verstehe ich das?

Und ob.

18

Ein imponierender Bau, dieses zwei Jahre vor dem ersten Weltkrieg eingeweihte Kaiser-Wilhelm-Institut für Chemie in Berlin-Dahlem. Ich stelle mir vor, wie es aussah, damals, noch nicht von den Bomben des nächsten Krieges getroffen. Fast prunkvoll mit dem behelmten Rundturm und dem Spitzgiebel über dem Eingang. Gegen neun Uhr morgens schlendere ich durch eine Grünanlage, überquere die Thielallee und betrete das Haus Nummer 63-67 durch die gewölbte Pforte. Der eigentümlich süßsaure Geruch eines chemischen Instituts umfängt mich.

Eine kleine, weißbekittelte Frau eilt energischen Schritts durch das Foyer. Als sie mich sieht, bleibt sie stehen, blickt auf die Uhr und sagt streng: Sie haben wohl heute den Zug verpaßt? Ich erkenne Lise Meitner sofort, obwohl sie jünger aussieht, als bei unseren sonstigen Begegnungen. Sie dagegen scheint mich mit einer der Laborantinnen zu verwechseln. Sie hält sich nicht weiter mit mir auf. Läuft um die Ecke bis zum Ende des Flurs. Und wieder zurück. Offensichtlich ein reiner Kontrollgang.

Ich weiß nicht recht weiter. Wie soll ich meine Anwesenheit erklären. Ich stelle mich geschäftig. Gehe in den nach hinten führenden Gang. Rechter Hand wird eine Tür geöffnet. Für kurze Zeit kann ich den nicht allzu großen Raum, in dessen Mitte ein massiver Labortisch steht, einsehen.

Bringen Sie das Filtrat? Fragt ein junger Mann.

Diese Frage gilt mir. Verwirrt bemerke ich, daß ich auch einen weißen Kittel trage und in meinen Händen einen Glaskolben halte. Jemand hat demnach für meine Tarnung gesorgt. Ich bejahe und reiche den Kolben hin.

Wohl schlecht geschlafen! Sagt der Mann und geht in den Raum zurück. Die Tür schließt er mit dem Ellenbogen. Jetzt erst fallen mir die Toilettenpapierrollen an einigen Türklinken auf.

Auf dem Rückweg komme ich an einem Aushang vorbei. Überschrift: Vorsichtsmaßnahmen gegen radioaktive Kontamination. Die *aktiven* Leute dürfen in den Kolloquien nur die gelben Stühle benutzen.

Ein bißchen unheimlich wird mir. Toilettenpapier an den Türklinken als Strahlenschutz. Und gelbe Stühle für die Mitarbeiter, die mit stärker radioaktiven Stoffen arbeiten. Dann fällt mein Blick auf die Unterschriften. *Otto Hahn. Lise Meitner.* Ein Spaßvogel hat es durch eine Schlangenlinie geändert in: *Otto Hahn. Lies Meitner.* So ist das also.

Ich irre durch das Haus, jeden Augenblick gewärtig, erneut Mißfallen zu erregen. Als ich eine Treppe hinuntersteige, sehe ich die Meitnerin, irgendwie filigran, fast schüchtern. Ein selbstbewußter kräftiger Herr mit hohem Haaransatz und Schnurrbart. Offenbar der Institutsdirektor Otto Hahn. Ein schlanker, einem italienischen Sänger ähnelnder Mensch ohne weißen Kittel. Ein Gast, wie es scheint. Diese drei im Zentrum. Ein Schwarm jüngerer Leute in deutlich respektvoller Haltung rundum.

Ich bin schon auf der halben Treppe und kann unmöglich umkehren. Aber niemand beachtet mich. Ich höre Otto Hahn etwas sagen, kann jedoch nichts verstehen. Bin vorüber. Nun die klare Stimme der Meitnerin. Wie ich sie um diese Stimme beneide. Und was sagt sie da: Laß gut sein, Hähnchen. Von Physik verstehst du nichts. Und der Mann? Lacht. Die jungen Leute tauschen Blicke. Der Mann geht langsam nach oben. Hat wohl zuvor dem Gast noch zugenickt. Hände schüttelt man sich hier nicht. Wegen der Kontamination.

19

Ich würde es zu einseitig sehen. Sagt Lise Meitner. Ordnung war wichtig. Ich solle nur an die Experimente denken. Aber sie habe sich auch ein bißchen als die Seele vom Ganzen gefühlt. Anteil genommen. Verständnis gehabt. Beispielsweise für die Geldsorgen der jungen Leute. Es war ja Krisenzeit. Die meisten haben gar nichts verdient. Einige der Doktoranden mußten sogar einen Unkostenbeitrag bezahlen. Sie habe sich für vieles eingesetzt. Otto machte sich darum wenig Gedanken.

Wir sitzen immer noch in der Kantine und rühren in unseren Kaffeetassen.

Sie war mit ihrer ganzen Person in dem Institut verwurzelt. Es bildete ihre Familie. Um so schlimmer, als plötzlich diese Stimmung aufkam. Die Jüdin gefährdet das Institut. Die meisten hätten es zwar niemals ausgesprochen. Aber es lag doch so etwas in den Mienen. Im Tonfall. Eine gewisse Ungeduld. Ein versteckter Vorwurf. Man wollte nicht in irgendwas hineingezogen werden. Das Institut sollte frei von Politik bleiben. Man war sich nicht sicher, wieweit der eigene Mut, die eigene Standhaftigkeit reichten. Wer sich in Gefahr begibt, kommt darin um. Oder wird mitschuldig.

Wer sich in Gefahr begibt, kommt darin um. Wie

vertraut mir das klingt. Mein Vater mit seinen Sprüchen. Was sollten wir denn tun? Nein. Was konnten wir denn tun? Es hätte doch überhaupt nichts genützt.

Dieses Nützlichkeitsdenken. Immer wird bei uns moralische Haltung daraufhin abgeklopft, ob etwas dabei herausspringt.

Sie waren froh, mich los zu sein. Auch Hähnchen. Sagt Lise Meitner.

Der Mann Otto Hahn stieg die Treppe empor. Gewiß. Er hatte gelacht. Seine Demütigung verbergend. Die anderen wechselten Blicke. Gewiß. Sie hatte recht. Von den physikalischen Modellen verstand er nicht viel. Für die Erklärung seiner Entdeckung würde er die Frau brauchen. Aber als sie ging, war er erleichtert. Er muß erleichtert gewesen sein. Anders ist es einfach nicht vorstellbar. Jeder, den ich kenne, wäre erleichtert gewesen.

Und sie? Sie war doppelt gedemütigt. Als Jüdin. Und als Frau. Der Mann hatte seinen Anteil daran. Nicht wissentlich. Das nicht. Immer korrekt. Als er seine attraktive Braut heimführte, waren sie, die Meitnerin und er, schon durch Arbeit verbunden. Hier die Arbeit. Dort die Braut. Immer korrekt.

Ob sie sich Hoffnungen gemacht hat? Ob sie ihn überhaupt gewollt hätte? Selbst wenn das alles nicht zutrifft, die Demütigung bleibt. Sie hat es verwunden. Sie hat ihm und der Frau nichts nachgetragen. Dafür ist sie zu klug.

Klug, aber nicht weise. Sie braucht die kleinen Triumphe. Das einzige, was sie vorweisen kann, ist ihre Physik. Und sie genießt das Anerkennende:

Sie als Frau! Sie protestiert nicht gegen die darin enthaltene Abwertung ihres Geschlechts. Sie ist die Ausnahme. Sie ist nicht gegen weitere Ausnahmen. Soweit tritt sie für Gleichberechtigung ein. Aber nicht für die Frau, die alles sein will: Geliebte, Mutter, Wissenschaftlerin. Für die nicht. Die macht sich verdächtig. Irène Curie etwa. Die große Konkurrentin. Für die nicht.

Sie braucht die kleinen Triumphe. Sie hat nur ihre Physik. Und sie sagt: Geh nach oben, Hähnchen. Von Physik verstehst du nichts.

Keiner, den ich kenne, hätte das ertragen. Keiner meiner Kollegen. Keiner von denen, die sich jetzt dem Tisch nähern. Ich überlege besorgt, wie ich die Meitnerin bei ihnen einführen soll. Doch die ist verschwunden.

Ich trinke ein zweites Mal Kaffee, und wir reden über den Fünfjahrplan. Über den nächsten. Der ins Haus steht. Ist es also schon wieder soweit. Und ich tue, als ginge es mich noch etwas an.

20

Es geht mir gut. Ich habe meine Dosis erhöht. Kann somit wieder etwas von der Frist, die mir bleibt, abhaken. Aber erst einmal geht es mir gut. Fast glaube ich selbst an meine Fünfjahrplanung. Man muß es mitspielen. Das Spiel Blindekuh. Niemand will ständig an seine eigene Angst erinnert werden. Andererseits ist es nicht nur von Nachteil. Man genießt sogar eine gewisse Freiheit. Man kann plötzlich aussprechen, was es mit des Kaisers neuen Kleidern auf sich hat. Niemand verdächtigt einen mehr, um irgendwelche Posten zu buhlen. Manche, die einem immer mißtrauten, beantragen schnell noch einen Orden. So erfreut man sich für eine Weile allgemeiner Beliebtheit. Bloß am Ende sollte man tatsächlich tot sein, sonst wäre das alles ein schlechter Scherz. Man will doch nicht zum Spielverderber werden.

Meine Großmutter hat das Spiel verdorben. Liegt da siebzehn Jahre im Bett, als könnte sie kein Wässerchen trüben und entpuppt sich plötzlich als eine Gefahr für die Familie. Und hat noch die Stirn, sich zu beklagen. Die Frau ihres Sohnes könnte ihr was in die Suppe streuen.

Eines Tages ist mir ein Verdacht gekommen. Sollte etwas dran gewesen sein? Unmöglich ist es schließlich nicht. Der Schierling wuchs in Stauden hinter dem Haus. Ich bin sozusagen mit dem Geruch von Schierling aufgewachsen. In einem hoffnungsvollen Moment hatte ich sogar die Vorstellung, es könnte um meinetwillen geschehen sein. Wie absurd.

Mutterliebe – ich meine die irrationale, beinahe tierische – ist ein Instinkt. Man hat ihn, oder man hat ihn nicht. Da kann man nichts machen. Vorwürfe sind sinnlos. Es fehlte mir ansonsten an nichts. Wenn ich fieberte, wurde meine Hand gehalten. Natürlich fieberte ich oft.

Dazwischen – zwischen meiner Großmutter und meinen Kinderkrankheiten muß die Wurzel meines Leidens liegen. Genetisch bedingt? Oder: Frühkindlich erworben?

21

Keines von beiden. Es begann genau an jenem Rosenglühwürmchentag. Sagt Lise Meitner. Sie sitzt mir am Tisch gegenüber auf dem Platz des Mannes, mit dem ich seit sieben Jahren lebe, und köpft anmutig das Frühstücksei. Es sei an der Zeit für einige Erklärungen. Gemäß den Regeln jeglicher Konspiration nur das unbedingt Erforderliche. Unter Beachtung meines auf Kausalität getrimmten Verstandes.

Ich habe nicht die Absicht, mich beleidigen zu lassen.

Wie könnte mich aber jemand, an dessen objektive Existenz ich nicht glaube, kränken. Ich bin trotz aller Halluzinationen ein Wirklichkeitsmensch. Meine Seele weiß um ihre materielle Basis. Sie ist sterblich. Alle die feierlichen Gefühle sind durch Formeln beschreibbar. Reduzieren sich auf Chemie. Ich bin ein objektives Produkt der Evolution. Nicht wichtig, ob es mir gefällt oder nicht.

Was aber nun, da der Mensch diesen Prozeß selbst in die Hand nehmen kann? Segensreich oder furchtbar. Humanismus? Sentimentales Geschwätz für objektive Produkte der Evolution. Aber ... Ja, was aber?

Die Rettung der Menschheit könne nur noch aus dem Bereich der Überwelt kommen. Sagt Lise Meitner.

Achdumeingott. Jetzt kommt die abgenutzte Himmelslitanei. Der Himmel sei uns gnädig. Und so weiter.

Keineswegs. Nur – zwischen Himmel und Erde läge so manches. Die Welt der Vorstellungen, Erinnerungen, Bilder, Träume, Erfahrungen. Von Generation zu Generation überliefert. Die Welt der unendlichen Möglichkeiten neben dieser einen Realität. Die Welt der Mythen und Märchen.

Das ist ja fast noch schlimmer. Das Märchen vom Hans im Glück mit der Neutronenbombe unterm Arm. Ich lache. Obgleich es eigentlich zum Heulen ist.

Sie läßt sich nicht beirren. Sie hat ihr Frühstück beendet. Lehnt sich zurück und beginnt zu reden: An einem Abend, von dem ich behaupte, er sei voller Rosen und Glühwürmchen gewesen, woran sie sich jedoch nicht erinnern könne, an diesem Abend mußte sie das Land verlassen. Sie konnte ihren Auftrag nicht fortführen. Die Menschheit war fürs erste gerettet. Hiroshima aber nicht mehr zu verhindern. Jemand würde das Kreuz aufnehmen müssen. Über das Geschlecht war man bald einig. Man denke sich bloß die alte Geschichte und statt dieser Jungfrau Johanna einen Jüngling. Einen Jean d' Arc. Man wird sofort begreifen, daß dies nicht geht. Es sei denn, man macht erhebliche Abstriche am Männlichkeitsbild. Vielleicht eine verschämte Neigung zum eigenen Geschlecht. Auf jeden Fall braucht die Schwere der Aufgabe das Zarte, das Anrührende als Gegengewicht. Andernfalls verlöre alles an Glanz.

Nach dieser schnellen Übereinkunft, es müsse ein weibliches Wesen sein, begann der Streit. Die einen verlangten, es solle sich um eine Frau handeln, die zu ihren biologischen Rhythmen steht. Andernfalls, wenn man sich auf eine Art Neutrum festlege, wäre dies ein ernster Fall von Sexismus. Dagegen wurde eingewendet, eine solche Person hätte keine Chance, Mitgefühl oder Gehör zu finden. Wenigstens sollte sie die Sache hinter sich haben, und außerdem müsse ihr *männliches* Denkvermögen amtlich bescheinigt sein. Eine alternde Frau demnach, entgegneten wieder andere. Das sei nun wirklich das allerletzte. Es erhob sich ein längerer Disput darüber, ob man Klischees ins Kalkül ziehen und somit zu deren Festigung beitragen dürfe. Schließlich wurde ein Kompromiß gefunden. Nicht jung – ja. Doch noch fern von jenem Alter, das einer tödlichen Bedrohung das Tragische nehme. Damit konnte zugleich ein weiteres Problem gelöst werden, was die Möglichkeit, später mit diesem Geschöpf Verbindung aufzunehmen, anbetraf. Eine kleine Unregelmäßigkeit in der Substantia nigra. Herbeigeführt unter der Geburt. Gerade so, daß sich zunächst keine wesentlichen Abweichungen von der Norm bemerkbar machten.

Die Stimme der Meitnerin entfernt sich. Klingt, als komme sie von weit her. Nähert sich wieder. Dröhnt unerträglich. Ein auf und ab schwellender Hall. Ich verstehe nur: Der Auftrag ... Der Auftrag ... Alles übrige geht in einem Klirren unter, als wäre eine elektronische Verstärkung aus dem Linearbereich geraten. Das Blut weicht aus meinem Kopf. Kribbelndes Summen in den Handgelenken. Eine schwere Faust drückt sich in die Magengegend.

22

Das erste, was ich wahrnehme, bevor ich völlig zu mir komme, ist der Geruch. Ich bin schweißnaß, und die Ausdünstungen meines Körpers sind zunächst das einzig Erfaßbare. Es ist mir nicht una
genehm. Ich befinde mich mit mir in Übereins
mung. Die Verunsicherung kommt lediglich
außen. Die Befürchtung, Ekel zu erregen.

Doch in diesem fast glückhaften Momen
zunächst nur Geruch. Dann erst kehrt me
liche Ausdehnung mit ihren begrenzter
wieder. Mein Gewicht, das die Fleisch
pelpolster schmerzhaft gegen den har
preßt. Das Glück geht vorüber. Di
che Schwere meiner beiden Kö
schmerzhaften Verspannungen
Seite. Alles ist wieder da. Der A
Gliedmaßen ergibt ein ansons
sultat. Ich scheine unverlet

Der Mann beugt sich ü
por, und ich genieße es
nigstens für einen Au

Der Auftrag. Murm

Welcher Auftrag?

Ach nichts. Sage
ratsam, meine V

Woher komm
ständig etwas
muß ich im
gung nach
Anstrengung

wicklungsgeschichte gibt so etwas nicht her. Wir können uns nicht der Intuition überlassen. Braucht es also erst eine Störung des chemischen Gleichgewichts im Hirnstamm, um die Frage nach einem eigenen, inneren Auftrag zu stellen?

Mein Vater. Die Lise Meitner. Sie konnten noch hoffen, irgendwie durchzurutschen.

Obwohl – ganz habe ich diese Hoffnung nie begriffen. Sosehr ich versucht habe, es zu verstehen, immer wieder hat sich alles in mir dagegen empört: Wieso haben sich Millionen von Menschen abschlachten lassen, ohne Widerstand zu leisten. Selbst wenn es nichts verändert hätte, wären doch Zeichen gesetzt worden.

Und ich? Was hätte ich ...?

23

Als der Schieferbergbaugesellschaft „Hoffnung“ die Pleite drohte, hatte mein Vater eine Idee. Der Schiefer wurde als Verblendmaterial für Haussokkel angeboten. Außerdem verarbeitete man den Stein ähnlich wie Marmor. Geeignete Schleif- und Schneidmaschinen stellte eine Maschinenfabrik her, als deren Besitzer meine Mutter eingetragen war. Wegen der beschränkten Haftung. Meine Eltern lebten von da an in Gütertrennung. Schöne Prospekte kündeten die Neuheit. Lastzüge rollten. Für die vielen Kasernen, die gebaut wurden, benötigte man gewaltige Mengen an Verblendmaterial.

Die Nachfrage konnte kaum befriedigt werden. Geld war nun ausreichend vorhanden. Man konnte später ein zweites Kind in die Schweiz schicken. Zum Schulbesuch. Und zum Verheiraten. Man konnte es jedenfalls einplanen. Ich bin sozusagen die Folge einer Innovation wie auch der Kasernen.

24

Der Tag, an dem Lise Meitner „reichsflüchtig" wurde, enthielt auch für meinen Vater einen Wermutstropfen. Das Kind, das seine Frau zur Welt brachte, war ein Mädchen.

Lange habe ich mit dem Bewußtsein gelebt, meine Existenz politischer Unbedarftheit zu verdanken. Wenn ich jetzt überlege, will es mir scheinen, meine Zeugung war auch eine Art persönlichen Widerstandes. Ein Stück Selbstbehauptung. Das Bestreben meines Vaters, sich nicht zum Objekt machen zu lassen. Und nun die Nachricht: Es war nicht voll gelungen.

Christa Wolf: Kassandra. „Inwieweit gibt es wirklich ‚weibliches' Schreiben? Insoweit Frauen aus historischen und biologischen Gründen eine andere Wirklichkeit erleben als Männer. Wirklichkeit anders erleben als Männer und dies ausdrücken. Insoweit Frauen nicht zu den Herrschenden, sondern zu den Beherrschten gehören, jahrhundertelang, zu den Objekten der Objekte. Objekte zweiten Grades, oft genug Objekte von Männern, die selbst Objekte sind . . ."

Das klingt logisch. Ich weiß nichts dagegen einzuwenden. Aus irgendeinem Grund steigt jedoch Mißstimmung in mir auf. Wenn das wirklich so ist, möchte ich meinem weiblichen Dasein abschwören, denn es verletzt meinen Stolz. Da empfinde ich nicht einmal mehr Solidarität.

Bei diesem Geschehen gibt es immer zwei Seiten. Die eine, die den Angriff, das Objektemachen, als Machtmittel inszeniert, und die andere, die als Subjekt ihre Autonomie bewahrt. Oder auch nicht. Sind die Mechanismen tatsächlich so effektiv, daß es kein Entrinnen gibt?

Lise Meitner etwa?

Für die *Endlösung* vorgesehenes Objekt. Dreifach gedemütigt. Am schlimmsten durch die eigene fachliche Fehlleistung. Gegen die sie Erfolge setzen konnte. Was ihr aber nicht half. Ihrer kreativen Basis beraubt. Sie hat gelitten. Sie war ungerecht und verzweifelt.

Und ich selbst?

Die Bemühungen meiner Mutter, weiterzugeben, was ihr angetan worden war, schlugen zunächst fehl. Ich wuchs als Sohn meines Vaters auf. Gemeinsam beuteten wir meine Mutter aus. Gemeinsam schufen wir uns eine geistige Region und verlachten ihre Versuche, uns dahin zu folgen. Meine Interessen und Neigungen, meine Kinderfreundschaften, meine Zukunftsvorstellungen – alles: *männlich.*

Der Ausbruchversuch meiner Mutter aus dem Höherentöchterdasein lag zurück. Sie hatte einen Beruf erlernt und diesen kurze Zeit ausgeübt. Sie wurde erpreßt und mußte sich entscheiden. Sie wählte *ihn*. Die künftigen Schwiegereltern forderten ihr das feierliche Versprechen ab, die peinliche Entgleisung geheimzuhalten. Man liebt, wofür man Opfer bringt. In der Liebe geht es nicht gerecht zu. Und mein Vater? Er empfand die Einengung meiner Mutter nicht als Manko. Es entsprach seinem Verhältnis zur Frau an sich. Ist es verwunderlich, daß er mich, um mich auf andere Art lieben zu können, kurzerhand zum Sohn stempelte.

Einmal, als ich ein gewisses Alter erreicht hatte, muß ihm meine wahre biologische Konstitution aufgefallen sein. Von dieser Erkenntnis überrumpelt, hielt er es für notwendig, mich auf meine Frauenrolle hinzuweisen. Nie wieder bin ich so beleidigt worden. Ich bin eine Abtrünnige, und demzufolge sitzen Vorbehalte und Herablassung tiefer. Der Riß geht mitten durch mich hindurch. Meine Mutter hätte höchstens als Giftmischerin meine Achtung gewinnen können.

Erst die bedrohlichen Vorboten der Krankheit haben mich aufgebrochen. Sie werden gemeinsam zugrunde gehen. Der Mann in mir. Die Frau in mir. Wie sollte ich da nicht schreien: Wer bin ich? Warum nur achte ich mich selbst so wenig? Uns selbst achten, die wir Achtung von anderen verlangen. Sich selbst annehmen und den anderen achten. Andernfalls werden wir gemeinsam als Objekte abgehakt.

All das Gerede von Selbstverwirklichung. Das Gejammer. Die Besessenheit. Haben wir jemals solide nachgedacht. Was wollen wir denn. Alles? Das kann doch nicht wahr sein. Die Rechnung stimmt nicht hinten und nicht vorn. Ich weiß, wovon ich spreche. Man kann schließlich nicht die Anforderungen der Leistungsgesellschaft beklagen und zugleich deren herausragende Resultate zum Maßstab der eigenen Arbeit erheben. Man muß seinen Ausschnitt suchen. Das starre Rollenspiel durchbrechen.

Man müßte sich seinen Ausschnitt suchen können.

Manchmal wollte ich gar nicht stark sein. Träumte den Traum vom überlegenen Beschützer. Einmal wieder Kind sein dürfen. Dafür hätte ich auf die ganze Emanzipation gepfiffen.

Vielleicht. Die Wahrheit hat viele Schichten.

Die tüchtigen jungen Frauen. Und die jungen Väter, die sich Töchter wünschen. Möglicherweise ist alles schon ganz anders. Und ich habe es nur nicht gemerkt. Bin angestaubt. Panoptikum.

25

Wie viele weibliche Nobelpreisträger gibt es in Ihrem Land? Fragt Lise Meitner.

Was weiß sie eigentlich von uns? Besonders gut unterrichtet kann sie nicht sein. Ich sitze in einem Restaurant der höheren Preisklasse. Meine Einstellung zu mir hat sich geändert. Ich gönne mir etwas. Fast bin ich gierig, mich bei einem Gelüst zu ertappen. Das wirkt so schön lebendig.

Wenn ich allein ein derartiges Restaurant betrete, werde ich vom Oberkellner herablassend taxiert. Deshalb akzeptiere ich niemals den Tisch, an den ich plaziert werden soll. Aus Prinzip. Gebe ich meine Bestellung auf, die immer beeindruckend ausfällt, erlange ich ein gewisses Maß an Hochachtung, das mich aber kalt läßt. Störend das Gefühl, traurig zu wirken. Allein. Mit meinem Gesicht, das immer mehr den Ausdruck eines Kaninchens annimmt. Woran ich nichts ändern kann.

Wie viele? Fragt die Meitnerin und hat Papier und Bleistift vor sich liegen.

Was will sie von uns? Warum findet sie keine Ruhe? Österreicherin von Geburt. Ein Grabstein in Cambridge. Die gut dreißig Berliner Jahre – was haben die noch mit uns zu tun?

Wie viele?

Sapperlot! Die Meitnerin läßt nicht locker.

Keine. Erwidere ich mürrisch.

Wie steht es mit der Arbeitsteilung?

Welche Arbeitsteilung?

Wer versorgt die Kinder und den Haushalt? Hat man Hausangestellte?

Die Kinder werden in Kinderaufbewahranstalten abgegeben. Den Haushalt versorgen Frau und Mann gemeinsam.

Wie viele männliche Nobelpreisträger gibt es?

Keine. Aber ...

Ist das nicht ein bißchen peinlich. Bei der Vergangenheit.

Keineswegs. Man weiß kaum davon. Von dieser wissenschaftlichen Vergangenheit, meine ich.

Aber sicher tut man alles, um die Lage zu verändern.

Wieso sollte man? Solch ein Personenkreis ist äußerst schwer zu verwalten.

Danach verweigere ich jede weitere Auskunft. Sie soll sich das Interview erst einmal genehmigen lassen.

Sie geht, und ich bekomme eine hohe Rechnung. Tote scheinen einen fabelhaften Appetit zu entwikkeln.

Bevor sie sich entfernt, sagt sie, es fände bald eine Gerichtsverhandlung statt.

26

1914 entdeckte Chadwick das kontinuierliche Spektrum der radioaktiven Beta-Emission. 1922 wurden im Rahmen der damaligen Atomphysik zwei geistreiche konkurrierende Erklärungen vorgeschlagen. Die eine stammte von Lise Meitner. Daraus abgeleitete Vorhersagen bestätigten sich im Experiment nicht. Auch die andere Theorie erwies sich als nicht tragfähig. Einige Zeit glaubten die meisten führenden Physiker, daß die Vorstellungen über Energie und Impulserhaltung in der Kernphysik zusammenbrächen. Später: Paulis Neutrino-Hypothese. Fermis Theorie. Vielleicht gelang ihr nicht der ganz große Wurf. Aber sie war vorn dabei. Noch war gar nicht abzusehen, wie aufregend es werden sollte. Noch erklärte Rutherford: „Die Atomumwandlungen sind für den Wissenschaftler von außerordentlichem Interesse, wir werden jedoch die Atomenergie nicht in einem solchen Maße beherrschen können, daß sie irgendeinen kommerziellen Wert erlangen könnte. Und ich glaube, daß wir kaum einmal dazu in der Lage sein werden. Unser Interesse an diesem Problem ist rein wissenschaftlicher Natur."

Zur Klärung einer Fülle von Fragen auf dem Gebiet der Radioaktivität hat Lise Meitner allein und mit Otto Hahn beigetragen. Der erstmalige experimentelle Nachweis des radioaktiven Rückstoßes. Der Beweis, daß Gammastrahlung erst nach Bildung des Zerfallsprodukts emitiert wird. Die Entwicklung experimenteller Methoden für die Reindarstellung und Halbwertzeitbestimmung von radioaktiven Elementen. Die Entdeckung eines neuen Elements, des Protactiniums. Sie war ein geachtetes Mitglied der *internationalen Familie der Atomforscher.* Warum ist sie nicht zufrieden? Wieso geht sie als Geist um? Und was will sie gerade von mir?

Einer ihrer ersten Lehrer, noch in Wien, war Ludwig Boltzmann. Der leidenschaftliche Kämpfer für die Atomistik, der nicht verstanden wurde, für den die Anerkennung zu spät kam. Der geniale Denker, der die Abnahme seiner geistigen Schaffenskraft befürchtete. Von dessen Lehrtätigkeit Lise Meitner berichtete: „. . ., daß man aus jeder Vorlesung mit dem Gefühl wegging, es werde einem eine ganz neue und wunderbare Welt eröffnet." Und der unter der Angst litt, Konzentration und Gedächtnis könnten ihm plötzlich mitten in der Vorlesung versagen. Sein selbstgesuchter Tod mag damals ihren Entschluß, nach Berlin zu Max Planck zu gehen, bestärkt haben.

Ich lese wieder, was Wilhelm Ostwald unter dem Eindruck des tragischen Endes von Boltzmann schrieb: „Wir bewundern den Krieger, den nach erfochtenem Siege noch eine letzte Kugel hinstreckt, und setzen ihm Denkmäler ... Aber der Invalide ... Solcher Invaliden gibt es in der Wissenschaft mehr als man glaubt, und die ungezählten Leiden, welche ihnen auferlegt sind, haben noch keinen Homer gefunden ... Die Wissenschaft fordert ihr Opfer mit derselben unheimlichen Unabwendbarkeit wie der Tod. Meist saugt sie es in jungen Jahren aus, und glücklich, wer dann alsbald dahingeht ... Sein Name bleibt glänzend ... Aber den anderen wird es nicht so gut. Sie müssen ihre Kräfte schwinden, ihre Leistungen sich vermindern sehen, während gleichzeitig die Ansprüche an sie und die Verantwortlichkeit ihrer Betätigung ständig wachsen."

27

Schweren Herzens verzichte ich auf Ämter, die gar nicht erstrebenswert sind. Ich bin aus dem Schneider. Ich kann alles einem tragischen Schicksal anlasten. Ich ertappe mich, wie ich mit der Abgebrühtheit gegenüber meinem Geschick kokettiere. Ich erzähle davon, als könnte man ein Unglück bannen, indem man es beim Namen nennt. Auf jeden Fall verliert seine Wirklichkeit für mich selbst einen Moment an Glaubwürdigkeit.

Und die allgemeinen Prognosen über den Zustand der Welt? Je katastrophaler sie ausfallen, um so eher ist man geneigt, sie abzutun. Je öfter man davon hört, um so weniger kann man es erfassen. Die Phantasie läßt uns im Stich. Und bemächtigt sich gar die große Politik des Themas, erstarren die beunruhigenden Wahrheiten zur Phrase.

Man redet sich das Ganze von der Seele und ist erleichtert. Gefährlich erleichtert.

Aber wirklich nur für einen Moment. Im Großen wie im Kleinen.

Die Intelligenz an sich nehme keinen Schaden. Lediglich die Denkgeschwindigkeit und das Konzentrationsvermögen. Möglichst lange im gewohnten Aufgabenbereich belassen. Neues nicht mehr abverlangen. Was ist das: Intelligenz an sich? Und dann: Verlangsamtes Denken und mathematisches Forschen! Hier ist alles Sprint. Alles Neuland.

Eben noch hochgelobt. Plötzlich die Angst, nicht mehr zu genügen, wie lange reicht das zurück? Neun Jahre? Oder zehn? Plötzlich empfindlich gegen Kritik. Gewiß, die Bilanz dieser Jahre weist davon nichts aus. Fast wundert man sich selbst. Aber die Anstrengung, die Müdigkeit und die Angst!

Unser Forschungsseminar hat Tradition. Es findet freitags statt. Freitags ab halb zehn. Der Mann, mit dem ich das Seminar gemeinsam leite, sitzt rechts. Immer rechts vorn. Ich sitze links. Er ist der Vater meiner Kinder. Damals, als die Angst begann, war er noch Meinmann. Wahrscheinlich glaubten wir auch noch, ohne den andern verlöre das Leben an Sinn. Heute beschränkt sich alles auf Mathematik. Was ist da geschehen?

Seine ewige Litanei: Du kannst schon! Du willst nur nicht! Wenn ich von der Bedrohung sprechen wollte, die ich spürte. Und ich? Habe ich etwa meine Traurigkeit als chemischen Zustand interpretiert, was sie – wie ich jetzt weiß – ursächlich war? Nein. Ich habe nach außer mir liegenden Gründen gesucht, die ich prompt in dem Mann fand.

Dabei will ich uns keineswegs aus der Verantwortung entlassen und alles auf Chemie reduzieren. So einfach ist es schließlich nicht. Wenn man die Kausalitäten umkehrte, hörte es sich auch ganz logisch an. Auf jeden Fall wissen wir davon zu wenig. Wenn wir mehr wüßten, nicht nur das bißchen aus dem Biologieunterricht, vielleicht könnten wir verständiger damit umgehen.

Die meisten, die im Seminar hinter uns sitzen, sind unsere Schüler oder Schüler von Schülern. Ob sie ermessen können, wieviel Überwindung es kostet, sich rechtzeitig zurückzunehmen und anzuerkennen, wozu man selbst nicht mehr in der Lage ist?

Ach, es geht ja nicht darum, ob sie es ermessen können oder nicht. Mitleid gar – das wäre das Letzte. Aber wenn die jungen Frauen sagen: Dadurch, daß es dich gab – ich verüble nicht, wenn von mir in Vergangenheitsform gesprochen wird, denn es entspricht der Realität –, also wenn sie sagen, dadurch, daß es dich gab, haben wir es leichter, kann ich ein törichtes Lächeln nicht unterdrükken.

Ich schlucke siebenerlei Tabletten und leite das Seminar. Ich kann schließlich aus einigen Erfahrungen schöpfen und wenigstens mit Rat...

Das sind so Zurechtlegungen. Für die muß man zahlen.

Ein eifriger, treuherziger junger Mann – ein guter Programmierer übrigens – bringt endlich das Problem auf den Tisch. In eine Vorlage nämlich. Daß es Diskussionen gibt wegen meiner Krankheit. Kaderfragen, etwa. Und ich stottere allerlei Blabla, was man in solchen Fällen besser unterließe. Ich kann doch keine verbindliche Zusage geben, wann es mit mir zu Ende ist.

Aber das ist es ja schon, und ich bin auf dem besten Wege, den Absprung zu verpassen.

Wenigstens muß ich nicht wie Lise Meitner in einem einsamen Hotelzimmer leben. Wenn ich nach Hause komme, kann ich mit jemandem reden, jemanden anfassen.

Der Mann, der jetzt zu mir gehört, sagt: Das mußt du dir alles gut überlegen – und tippt weiter an seinem Manuskript. Die Kinder, die bereits als erwachsen gelten wollen, sagen gar nichts. Was sollten sie auch sagen. Ich bin sowieso eine wandelnde Zumutung. Geschmacklos genug zu versprechen, ihnen niemals eine Last zu werden. Was sie verwundert, denn sie hatten ohnehin nichts anderes erwartet. Wenn sie mich komisch finden, liegt die Schuld allein bei mir. Weil ich hin und wieder den Mund nicht halten kann, lauter solche Gedanken habe, die ihnen die Freude auf die Zukunft verderben. Etwas ausspreche, was sich den Anschein von Tapferkeit gibt und was in Wirklichkeit ein Hilferuf ist.

28

Der Mann von der Gestapo wartet im Herrenzimmer. Das Dienstmädchen hat ihn hinaufgeführt. Der Raum ist kühl. Eichenmöbel. Jagdtrophäen. Der Blick aus dem Fenster fällt auf einen terrassenförmig angelegten Garten. Ein kleines blondes Mädchen. Blond auch der Hausherr, der jetzt ins Zimmer tritt. Mit auffällig blauen Augen.

Der Gestapomann ist verwirrt. Ihre Familie? Fragt er und zeigt in den Garten hinunter, wo jetzt noch ein größerer Junge und eine dunkelhaarige Frau aufgetaucht sind. Die Frau also, denkt er. Wahrscheinlich hat er etwas verwechselt.

Ja. Erwidert der Hausherr, und seine Stimme klingt gepreßt.

Konnten Sie sich nicht scheiden lassen? Fragt der Gestapomann fast freundschaftlich. Er wird aber sofort sachlich, als der andere zusammenzuckt. Ihm kann es schließlich egal sein. Hin und wieder gibt es sogar Sympathische unter den Juden. Der Gestapomann hat einen gekannt. Natürlich wollte er in den letzten Jahren von dieser Bekanntschaft nichts mehr wissen. Er ist irgendwie erleichtert gewesen, als er hörte, die Familie sei auf Transport gegangen. Tief im Innern seines Herzens ist der Gestapomann ein wenig erschrocken über das, was er von den Lagern und dem Gas gehört hat. Sterilisation würde genügen. Eine saubere humane Lösung. Vieles spricht für seine Idee. Und im Falle von Sabotage würde man mit ihnen schon *Fraktur reden.*

Na, da wollen wir uns die Schose mal ansehen. Sagt er und geht voran, hinunter zu der schwarzen Limousine.

Der Hausherr weist den Chauffeur in den Weg ein. Ziel ist ein stillgelegter Schieferbruch. Lastzüge und Arbeiter sind an der Front. In der Halle einer ehemaligen Maschinenfabrik befindet sich ein Lager, das in den Akten der Gestapo den Vermerk *kriegswichtig* trägt und auf dessen Bewachung sich die UK-Stellung des Hausherrn gründet, für den eigentlich eine Einberufung zur Organisation Todt vorlag.

Der Gestapomann ist mit der Überprüfung beauftragt. Seine Stimmung ist umgeschlagen. Ärger, daß der andere sich drücken kann, während er immer gewärtig sein muß, bei einer Unregelmäßigkeit an die Front katapultiert zu werden. Rassenschande. Dienstmädchen in weißer Schürze. Herrenzimmer Wo leben wir eigentlich?

Seiner Stimme fehlt jegliche Freundlichkeit, als er Einlaß verlangt. In der Werkhalle türmen sich große Kisten. Sie tragen den Stempel *Reichspostministerium.* Der Gestapomann würde gern eine der Kisten öffnen lassen, aber er ist unsicher, ob dies nicht seine Kompetenz überschreitet. Im rechten Moment fällt ihm ein, daß er durch eine vertrauenswürdige Quelle er-

auf völliges Unverständnis stieß. 1939 einer der Mitinitiatoren jenes Briefes. Auch im besten Glauben.

Offenbar ist ein fester Punkt nötig. Was aber, wenn der Punkt nicht trägt.

1932 entdeckte Chadwick das Neutron. Bereits im selben Jahr prophezeite Houtermans, dieses neue, anscheinend so harmlose Teilchen könne einmal gewaltige Kräfte freisetzen. Warum blieben solche Visionen unbeachtet? Waren sie zu kühn? Oder verdrängte man Verantwortlichkeit? Welchen Weg hätte die Geschichte eingeschlagen, wäre der aus Deutschland emigrierte Houtermans nicht unter Stalin der Sabotage und Spionage verdächtigt worden? Nach Deutschland abgeschoben. Wo er jenen Forschungsbericht verfaßte, den man nach dem Krieg in den geheimen Akten des Reichspostministeriums finden wird.

30

Am 22. Februar 1932 berichtet das Pariser Forscherehepaar Joliot-Curie in der Zeitschrift „Comptes Rendus" über ungewöhnliche Eigenschaften der Berylliumstrahlung. Fünf Tage später erscheint die Eilmeldung aus Cambridge über den Nachweis von Neutronen in dieser Strahlung. *Erst* am 15. März 1932 ist das Manuskript des Italieners Rasetti fertig, der unter Anleitung Lise Meitners die Natur der Berylliumstrahlung aufklärt. Welches Tempo!

Und wir? Wir planen kurzfristig, mittelfristig, perspektivisch. Analysieren, konzipieren, prognostizieren. Hätte bei unserem Nützlichkeitsdenken die Atomforschung eine Chance gehabt? Der Ehrgeiz der Wissenschaftler. Der Kampf um die Priorität. Welche effektiven Triebkräfte! Bringt die Bürokratie das alles auf den Hund? Und: Sollte man sich vielleicht gar darüber freuen?

Gäbe es die Institution Wissenschaft nicht, wäre ich schon tot. Ich habe meine Medikamente abgesetzt und weiß nun, daß ich ohne diese Chemikalien nicht mehr existieren kann. Bei früheren Versuchen ist es immer gewesen, als wäre ich mit einemmal wieder in mir selbst zu Hause. Als ginge die innere Uhr wieder im rechten Takt. Welche Freude sich wiederzufinden. Diesmal – nichts. Kein Beimirselbstankommen. Alles zerstört. Von der Krankheit und der scharfen Peitsche der Chemie.

Die Lähmungen werfen mich nicht um. Das nicht. Aber der Zusammenbruch aller Energie. Unmöglich, sich nach außen in Beziehung zu setzen. Erstarrung. Leere.

Endlich die körperlichen Schmerzen. Die Gefahr, man könnte sich mit der inneren Kraftlosigkeit abfinden, ist abgewendet.

Wieviel Schmerz muß noch die Menschheit treffen, daß sie die Kräfte durchschaut, die den Fortschritt verderben, daß man ihn nicht einmal mehr zu benennen wagt. Immer dieselben Fragen. Man verschließt die Augen. Und kommt doch nicht vorbei. Ist wieder beim Thema.

Das erste Krankheitszeichen war die Angst. Das Gefühl der Bedrohung. Manchmal scheint es mir, als hätte ich damit erst begonnen, bewußt zu leben.

Wenn ich mir ein Schicksal wählen könnte, mag sein, ich entschiede mich genau für dieses.

Angst aus Wissen ist eine produktive Angst.

Aber was nützen die schönsten Erkenntnisse? Die großen Entwürfe? Wenn immer Zugzwang dazwischenkommt. Wenn *Ökonomie* alles dirigiert.

Ist das vielleicht zugleich unsere Chance? Die Notbremse, sozusagen. Etwa: Wenn erst die Luft ihren Preis bekommt...

Und was noch? Ist nicht Neurüstung, Umrüstung, *Nachrüstung* längst profitträchtiger als ein Krieg?

Verflucht! Welch ein verfehlter Versuch, Hoffnungsbrücken zu schlagen. Inzwischen arbeitet man an hochwirksamen, rassenspezifischen Giften. Gaskammern erübrigen sich in Zukunft. Was Faschismus einst anrichten konnte, war ein Klacks.

Ich setze die Medikamente wieder an. Steigere ziemlich schnell, diesmal. Ich habe noch etwas zu erledigen. Einen Auftrag.

31

Ich gehe über den Marktplatz mit seinem prächtigen gotischen Rathaus und den eindrucksvollen Zunfthäusern. Fremde Straßen. Altmodische Automobile. Herbstlaub. Mein Spiegelbild in einem Schaufenster. Ich bin kleiner, zierlicher, trage ein schwarzes kostümähnliches Gewand mit weißem Spitzenkragen. Ich bin Lise Meitner. Es ist wie in meinen Träumen, in denen ich immer mehr Beobachter werde. Zwar noch selbst betroffen, aber auch schon außenstehend. Als sähe man einen Film.

Über einem Portal die Inschrift: L'Université de Bruxelles. Hinweisschilder zu Vortragsräumen. Solvay-Kongreß. Oktober 1933.

Achtung umgibt mich. Ich habe einen Namen. Ich kann mit Recht einen Platz in den vorderen Reihen einnehmen. Und zugleich das wohlvertraute Gefühl bohrender Unzufriedenheit. Ja, man ist angesehen. Jedoch der ganz große Wurf ...

Madame Joliot-Curie ist die Vortragende. Sie berichtet über Forschungsergebnisse, die sie gemeinsam mit ihrem Mann erzielt hat. Etwas reizt mich. Ich finde ihren Vortragsstil lässig. Sie zehrt – so ist jedenfalls mein Eindruck – vom Namen ihrer berühmten Mutter. Und dann – ob nicht in Wirklichkeit der Mann ... Die Vortragende berichtet über die Bestrahlung von Aluminium mit Neutronen. Ich habe Analoges versucht. Ich gäbe etwas dafür, wenn ich jetzt die exakten Resultate parat hätte. Soviel scheint sicher: Sie stimmen mit denen des Ehepaares nicht überein. Und das sage ich. Anschließend in der Diskussion.

Wie sehr mir solche Situation vertraut ist. Einmal habe ich auf einem Kongreß das Resultat eines polnischen Kollegen in Frage gestellt. Selbstsicher, mit einer Spur Arroganz, die falsche Behauptung in den Saal posaunt. Kein Widerspruch. Sogar der Pole war verdattert. Für den einen, wichtigen, weil öffentlichen, Moment wenigstens. Später die Entschuldigung. Natürlich. Nur es bleibt Groll. Und zwar auf beiden Seiten.

Jetzt, in meiner Doppelexistenz, sind meine Empfindungen auch durchaus ambivalent. Ich genieße, daß sich die Waagschale der Meinung um mich herum zu meinen Gunsten neigt. Aber ich weiß ja schon, daß ich mich irre. Die vorgestellten Untersuchungen werden Ausgangspunkt für die Entdeckung der künstlichen Radioaktivität sein, für die das Ehepaar Joliot-Curie zwei Jahre später, 1935, den Nobelpreis empfängt. In der aus diesem Anlaß gehaltenen Rede wird Frédéric Joliot-Curie vor der Möglichkeit, Kernumwandlungen von explosivem Charakter ablaufen zu lassen, warnen. Der Begründer der Atomphysik Rutherford, der schon 1920 in einer Vorlesung von Neutronen sprach, erklärte jedoch noch 1937: „Wer in der Umwandlung der Atome eine Energiequelle sieht, schwatzt Unsinn."

32

Die Monate huschen dahin. Früher, ja da gab es noch Winter. Aber jetzt. Ehe man sich versieht, sind sie wieder zu befürchten, die lauen Abende. Abende, an denen man so recht begreifen kann, daß man nicht mehr zählt. Und es hilft überhaupt nicht, was man weiß. Das Leben hat nämlich niemals dem Anspruch solcher Abende standgehalten. Oder doch? Ein- oder zweimal. Ach, erinnere ich mich nicht daran. Wie hat man sich selbst belogen. Vielleicht heißt Altern überhaupt, sich immer weniger vormachen können.

Manchmal, wenn ich alte Menschen sehe – erschreckend wenig schöne alte Menschen gibt es –, dann fühle ich etwas wie Erleichterung. Das wenigstens bleibt mir erspart. Oder doch nicht? Ist nicht der Alterungsprozeß meines Gehirns weiter fortgeschritten, als es den Jahren entspräche? Die Ärzte haben Möglichkeiten, sich einen ungefähren Einblick in den Zustand meines Gehirns zu verschaffen, ohne mich von ihren Erkenntnissen informieren zu müssen. Der Gedanke ist mir unerträglich. Eine Verletzung meiner Menschenwürde. Der Arzt ist jung. Viele Male habe ich ihn gebeten, mich nicht zu belügen. Außerdem weiß ich sowieso Bescheid. Wohl möchte er es akzeptieren. Setzt auch dazu an. Bis sich der Moment einstellt, da er sich selbst in meine Lage projiziert. Dann erschrickt er und verfällt sofort auf die alte Tour der Beschwichtigungen. Vielleicht ist mein Ansinnen wirklich unfair.

Der Verlust an mathematischer Leistungsfähigkeit verändert meine Einstellung zu dieser Arbeit. Schon finde ich es merkwürdig, für welche Zielstellungen manche Kollegen ihre Lebenskraft vergeuden. Aber ich weiß, bei vollen Kräften kämen mir solche Gedanken nicht. Es wäre wie ein Spiel. Als Mitspieler genügte ein kleiner Kreis Eingeweihter. Wäre das besser?

Eigentlich kann ich ganz zufrieden sein. Wenn es gar nicht mehr geht, erhalte ich eine hübsche Rente. Natürlich darf ich mir vorher nichts zuschulden kommen lassen. Nichts, was mich für meine Funktion untragbar werden läßt. Ich habe allen Grund zur Dankbarkeit. Die Pillen und Kapseln, die ich konsumiere, kosten teure Devisen. Ökonomisch rentiert sich das immer weniger, da ich von Woche zu Woche nutzloser werde.

33

Die Stiefmütterchen leuchten aus den Rabatten. Die Spaziergänger im Park tragen helle Mäntel. Nirgends etwas Verdächtiges. Oder? Der Mann vor mir auf dem Weg, der den gleichen Abstand hält? Die leicht gebeugte Haltung. Die Art, beim Gehen die Hände auf den Rücken zu legen. Sogar den Ring an seinem Finger erkenne ich. Und als er den Kopf wendet – das gütige Gesicht meines Vaters. Das Herz klopft mir bis zum Halse. Ich will mich nähern. Doch wie schnell ich auch gehe, der Abstand zwischen uns verändert sich nicht. Ich versuche, ihn zu überlisten. Schlendere gemächlich, um dann unversehens loszurennen. Ohne Erfolg. Wohl muß ich begreifen, daß dieser Abstand endgültig ist. Und plötzlich ist er wieder da, der Schmerz über den Verlust, und ich weiß, ich habe ihn die ganze Zeit mit mir getragen. Verdrängt. Verschlossen. Eine dunkle Last neben anderen.

Was würde ich ihm von mir offenbaren, wenn ich mit ihm reden könnte? Meine beruflichen Erfolge würden ihn freuen. Die Erfolge der Kinder. Aber alles andere ... Je länger ich nachsinne, um so mehr will mir scheinen, daß ich mit meinem Vater über nichts sprechen könnte, was mir wichtig wäre.

Auf jeden Fall möchte ich ihm sagen, wie ich es

bedaure, sein *Ichkannnichtmehr* der letzten Jahre nicht besser verstanden zu haben. Doch würde er gern daran erinnert? Vielleicht ist es nur die Eigenart der Weiterlebenden, gerade die letzte Zeit im Gedächtnis zu behalten.

Mein Vater hat in seinem Leben noch eine Reihe Aktivposten verbuchen können, auf die er stolz war. Wenn ich seinen Beruf angeben mußte, war nie vom Schiefer die Rede.

Nein – ich würde nicht über seine letzte Zeit sprechen. Zumal ich in Verlegenheit geriete, erklären zu müssen, woher mein nachträgliches Verständnis rührte. Ich würde ihn auch nicht fragen, warum er keine der *kriegswichtigen* Kisten öffnete, um sich zu überzeugen, daß er nicht mitschuldig wurde. Keinesfalls wollte ich ihn verletzen. Das habe ich oft genug im jähen Übermut getan. Andererseits kann ich mir auch kein Gespräch vorstellen, das ohne Streit abliefe. Zu unterschiedlich sind die Wertmaßstäbe. Maßstäbe einer anderen Generation.

Aber es kommt gar kein Gespräch zustande. Im Gegenteil. Als ich ein Letztes versuche und die Gestalt vor mir auf eine Begrenzungsmauer zutreibe, löst sie sich in Nichts auf.

Warum bleibt dieser Abstand zwischen uns? Wieso kann ich mit meinem Vater nicht umgehen wie mit der Lise Meitner? Mit meinem Vater, der mir so vertraut war.

Gerade aus diesem Grunde nicht. Sagt Lise Meitner. Ihr Herr Vater ist, wie wir alle, einen weiten Weg gegangen. Vergeblich würden Sie die alte Vertrautheit suchen.

34

Sie ist also wieder da, und ich bin froh darüber. Es geschieht immer häufiger, daß ich mich von den Menschen meiner Umgebung absondere, um der Einsamkeit zu entkommen. Bin ich allein, kann ich die störenden Themen aus ihrem Ghetto entlassen.

Wir gehen nebeneinander her, und ich habe Mühe, Schritt zu halten. Sie war bis ins hohe Alter gut zu Fuß.

Weihnachten achtunddreißig in Kungälv. Beginnt sie zu erzählen. Der Wald tief verschneit und mein Neffe Otto Robert Frisch mit Skiern an den Füßen. Er wollte auf diesen Spaziergang nicht verzichten. Was blieb mir übrig, als nebenher zu stapfen. Ich war viel zu erregt, um es im Haus auszuhalten. Otto Robert war immer noch skeptisch. Er meinte, Hahn könne sich auch geirrt haben. Jeder andere vielleicht. Hähnchen nicht. Ich trug den Brief in der Tasche. „... daß wir als Chemiker den Schluß ziehen müssen, daß die drei genau studierten Isotope gar kein Ra[dium] sind, sondern vom Standpunkt des Chemikers aus Ba[rium] ... Wir können unsere Ergebnisse nicht totschweigen, auch wenn sie physikalisch vielleicht absurd sind."

Ein Kern kann am besten mit einem Flüssigkeitstropfen verglichen werden. Es gibt starke Kräfte, die ihn zusammenhalten, etwa wie die Oberflächenspannung bei einem Tropfen. Doch wirkt die elektrische Ladung der einzelnen Teilchen dieser Kraft entgegen.

Wir setzten uns auf einen Baumstamm und rechneten auf Zetteln. Unser Resultat: Die beiden Kräfte hielten sich beim Urankern fast die Waage, so daß ein geringer Anstoß, etwa der Aufprall eines Neutrons, den Kern zum Zerplatzen bringen konnte. Die beiden neuen Kerne würden insgesamt etwas leichter sein als der Urankern. Wo verblieb diese fehlende Masse? Sie wandelte sich in Energie. Diese Energie konnte nach der Einsteinschen Formel berechnet werden.

Uns beiden wurde augenblicklich die sensationelle Bedeutung der Hahnschen Entdeckung klar. Otto Robert fuhr zwei Tage später nach Kopenhagen und unterbreitete diese Überlegungen Niels Bohr. Ich kehrte nach Stockholm zurück. Telefonisch blieben wir in Verbindung und stimmten die Publikation ab.

So sehr ich mich für Hahn freute, war ich trotzdem in einer schlimmen Verfassung. Allein. Unter schlechten Arbeitsbedingungen. Mit sechzig. Bisher konnte ich wenigstens stolz auf das Geleistete zurückschauen. Nun brachen die Erkenntnisse der letzten drei Jahre zusammen. Wenn der Urankern zerplatzte, waren unsere Ergebnisse über die Transurane nicht mehr stichhaltig. Nach Substanzen mit so niedrigem Atomgewicht hatten wir nie gesucht. Ungefähr vierzehn Publikationen zusammen mit Otto Hahn und dem Straßmann. In ihnen der selbstbewußte *Nachweis* der neuen Elemente Eka-Rhenium, Eka-Osmium, Eka-Iridium, Eka-Platin, Eka-Gold. Alles Makulatur. Keine gute Empfehlung für einen Neubeginn. Hahn und Straßmann waren in besserer Lage. Sie hatten den Fehler selbst entdeckt.

Würde es nun nicht heißen, zu dritt haben sie Unsinn gemacht, und nach ihrem Weggang haben es die anderen beiden in Ordnung gebracht?

35

In Ordnung gebracht? Weg mit dem Park, mit dem Frühlingstag und seinen Erscheinungen. Machen wir an dieser Stelle einen Punkt. Halten wir fest: Da verschwindet Masse, und wenn Masse verschwindet, entsteht Energie. Wieder einmal wird dem Menschen Feuer in die Hand gegeben. Noch war keine Zeit für Mythen. Noch steht der moderne Prometheus in seiner ganzen Blöße vor uns. Ist er nicht zu winzig, um die Verantwortung für die Folgen seines Tuns allein zu tragen. Ja überhaupt allein zu erkennen. Ihn zur Strafe an einen Felsen zu schmieden und von einem Adler zerfleischen zu lassen, hat schon beim ersten Male nichts genützt. Sein Geschenk kann Wohltat oder Vernichtung bringen. Bisher hat der Mensch stets beides in Szene gesetzt. Warum sollte es diesmal anders sein? Welche wesentliche neue Qualität zeichnet die Welt aus? Es gibt die Satten und die Hungrigen, die Achsen und die Lager. Es gibt einen Teil der Welt, in dem die ökonomischen Triebkräfte weniger vehement wirken. Man mag das beklagen. Aber wirken sie nicht zugleich weniger unheilvoll? Ist es nicht besser, etwas langsamer voranzugehen und den Überblick zu behalten? Ich weiß nicht. Ich sehe keine andere Chance.

36

Ich erwache kurz nach Mitternacht. So zeigt es jedenfalls die Uhr. Meine Sinne sind geschärft. Mein Verstand arbeitet mit jener gefährlichen Nachtklarheit, die dem Hunger verwandt ist. Darauf aus, Erinnerungsfetzen und Eingebungen in abenteuerliche Kombinationen zu arrangieren.

Ich lehne mich ans Fenster. In der Ferne singt eine verspätete Amsel. Oder ist sie verfrüht? Wie ich. Mit einem verkorksten biologischen Rhythmus. Woran sollte sie sich auch orientieren in dieser Stadt, in der es nie völlig dunkel wird. Ruhig bleiben. Den Konstruktionen keinen Raum geben. Eigentlich bin ich doch recht glücklich. Ich stehe nachts am Fenster und fühle mich wohl. Was ist denn geschehen? Seit einiger Zeit habe ich Umgang mit Leuten, die nachweislich tot sind. Was macht das schon aus. Für alles läßt sich eine Erklärung finden. Ich bin ein bißchen verwirrt, und das war vorauszusehen. Ich brauchte nur die Medikamente abzusetzen, und der Spuk wäre vorüber. Das ist der Preis für eine einigermaßen erträgliche Existenz. Und schließlich hätte es schlimmer kommen können. Die Erscheinungen verhalten sich kultiviert. Sie haben zweifellos Niveau.

Stop. Da haben wir es. Gerade das macht die Sache verdächtig. Sie gleichen keinesfalls den Ausgeburten eines psychotischen Gehirns. War meine Erklärung also zu voreilig. Verbirgt sich etwas ganz anderes dahinter. Gibt sich jemand als Gespenst aus, in der sicheren Annahme, ich würde das Spiel verstehen? Sind es unsere Leute, oder ist es der Gegner. Der arbeitet, wenn man den Belehrungen trauen darf, und es gibt keinen Grund, ihnen nicht zu trauen, mit den raffiniertesten Tricks. Gerade die Freundlichkeiten sollten meine Wachsamkeit mobilisieren. Und ich, in meiner Naivität, schlittere so mirnichtsdirnichts in den schönsten Schlamassel hinein.

Ich schlüpfe zurück ins Bett, ziehe mir die Decke über den Kopf und versuche nicht mehr daran zu denken. Aber mein hellwaches inneres Auge rekapituliert alle Vorgänge auf Verdachtsmomente. Und die finden sich. Je länger das so geht, um so mehr gerate ich in Panik. Es wirft mich auf der Matratze hin und her, daß der Mann neben mir aufwacht und fragt: Ist was? Ich mache einige Andeutungen. Er sagt: Du spinnst ja. Dreht sich auf die andere Seite und schläft weiter. Ich liege allein mit meinem Wahn. Und es hilft mir gar nichts, daß ich es durchschaue und weiß, daß ich anderntags wieder alles normal sehen werde. Doch wozu gibt es die kleinen weißen Tabletten? Man drückt eine durch die Alufolie oder besser zwei. Trinkt etwas Wasser nach. Allein schon das Wissen, man wird bald sorgenfrei sein, bringt eine spürbare Erleichterung. Am Morgen nur noch dumpfe Öde im Kopf. Pflichtgefühl und Telefon treiben mich hoch. Per Draht die weinerliche Stimme der Mutter. Sie fühlt sich nicht. Und ob ich nicht? Natürlich. Nein, mir geht es gut. Und ich komme sofort.

37

Ich halte die Hand meiner Mutter und fühle ihren Puls. Solche Vorwände sind zwischen uns immer noch notwendig. Einsamkeit zeichnet ihr Gesicht. Eine Einsamkeit, gegen die nur die Hautnähe eines anderen Menschen hilft. Aber meine Mutter ist dazu erzogen, Annäherung abzuwehren. Das hat man ihr angetan!

Hautnähe. War nicht manche Umarmung eine Flucht aus der Einsamkeit. Eine Bitte um Zärtlichkeit und Schutz. Für einen Augenblick wenigstens.

Gewiß, ich könnte die Geschichte meiner Krankheit auch anders erzählen. Ich könnte sagen, ein Mann hat mich so auf den Hund gebracht. Die Frau unterliegt ihren inwendigen Rhythmen und ist dadurch den Anpassungsmechanismen weniger ausgeliefert. Der Mann hingegen wird durch Außenreize gesteuert und ist deshalb leichter von außen deformierbar. Mancher, der stark tut, ist in Wirklichkeit ein Bündel von Ängsten. Und Gnade uns Gott, wenn wir der Fassade trauen. Während wir noch in den schönsten Illusionen schweben, von Liebe und all dem Firlefanz träumen, beherrscht ihn schon wieder die Angst. Aus der Angst wächst unweigerlich ... Das kennt man ja.

Meine Mutter hat die klassische Frauenrolle akzeptiert, und diese – sie ist ein starker Charakter – voll ausgeschöpft. Ihre Fürsorge war blanke Tyrannei. Als erster entzog sich mein Vater. Nun sind auch die Enkelkinder ausgeflogen. Ich hüte mich vor ihr. Sie hat das Zeug, jemanden zugrunde zu richten. Sie wird nicht mehr gebraucht, das macht ihre Einsamkeit perfekt. In ihrer Not hat sie irgendwo versprochen, einen Vortrag über die *russische Seele* zu halten und nächtelang Dostojewski studiert. Vor Überanstrengung streikt nun ihr Kreislauf. Ihr Puls geht unruhig und flach.

Es gab Zeiten, da waren wir fast Freundinnen. Aber meistens stand ein Mann zwischen uns. Der erste war mein Vater, und je weniger Zeit uns beiden bleibt, um so bedeutsamer werden die Erinnerungen. Sie hat ihr Bild. Ich habe meines. Sehr verschiedene. Kein Gesprächsthema zwischen uns. Sorgsam vermieden. Denn was da aufbricht, sind Abgründe. Haß, vor dem man selbst erschrickt. Eingedämmt. Und doch vorhanden.

Ich halte ihre Hand. Aber ich empfinde Abwehr. Fremdheit. Gefühle, die mich belasten. Mit Schuld beladen. Unsere Lebenserwartungen sind fast die gleichen. Aber es macht einen Unterschied, ob man vierzig oder achtzig ist. Mit achtzig ist man damit noch einsamer.

Ich halte ihre Hand unter dem Vorwand, den Puls zu fühlen, der allmählich gleichmäßig und kräftiger wird. Ich merke, wie mich die Aufzählung ihrer Leiden ungeduldig macht. Ich kann dieses Kreuz nicht auch noch auf mich nehmen. Obwohl ich es selbst als Verrat empfinde. Sie muß schließlich glauben, darauf einen Anspruch zu haben. Heute sitze ich noch bei ihr und halte ihre Hand. Morgen wird sie sich zu denen gesellen, die die

Wartezimmer der Ärzte bevölkern. Nicht, weil sie wirklich Hilfe erwarten, sondern weil ihnen für einen Moment Aufmerksamkeit zuteil wird.

Sie hat sich nicht scheiden lassen, um sich und die Kinder in Sicherheit zu bringen. Sie hat sich für den Mann entschieden. Es war ihre Art, Haltung zu bewahren. Alles andere wäre erbärmlich gewesen. Nur hätten sie es mir nicht sagen sollen, als ich noch zu klein dafür war.

Für mich blieben die Berichte von den Lagern nie abstrakt. Immer war ich mittendrin. Teil einer grauen todgeweihten Menschenreihe. Lange nach der Kindheit, Angst vor einem bestimmten Typus Mann. Von den Grausamkeiten der Frauen erfuhr ich erst später. Und später natürlich auch die Entdeckung, daß man nicht nur das Leiden, sondern auch die Schuld mittragen muß.

Gewiß war manche Liebesumarmung eine Flucht aus der Einsamkeit. Aber da waren auch die anderen, die vom Hypothalamus gesteuerten. Meine Mutter ist sich solcher Unterschiede nie bewußt geworden. Erziehung und Konvention haben alles überdeckt. Und Lise Meitner?

Es verbietet sich, derartige Themen mit ihr in Verbindung zu bringen. Aber war sie etwa kein Mensch aus Fleisch und Blut. Kein Körper.

Stellen wir uns vor, die Meitnerin wäre nicht die Meitnerin, sondern ein Mann gewesen. Fast alles hätte sich genauso abspielen können. Nur spräche heute außer einigen Eingeweihten keiner mehr davon.

Hätte dieser Mann eine größere Chance gehabt,

außerdem ein Familienleben zu führen? Der wissenschaftliche Ruhm wäre seinem Ansehn als Mann zugute gekommen. Für die Frau war er eher abträglich. Hohe Leistungen in Physik oder Mathematik steigern nicht ihren Wert als Frau. Auch heute nicht. Das sollte man beachten, ehe man für das geringere Interesse der Mädchen an den Naturwissenschaften biologische Gründe ins Feld führt.

Wäre ich jetzt lieber ein Mann?

Später – im *Finalzustand* – macht es wohl kaum einen Unterschied. Die Kranken werden gleichermaßen wie etwas zu aufwendige Haustiere behandelt.

Jetzt bin ich lieber eine Frau. Der Mann, mit dem ich lebe, kann nämlich bei seinen Gedanken an das Nachher – und sicher macht er sich solche Gedanken, denn er weiß schließlich, wie es um mich steht –, also er kann gelassen bleiben. Er wird weniger schnell abgeschrieben. Immer noch. Trotz der größeren Lebenserwartung der Frau. Oder gerade deswegen. Er wird sozusagen in den höheren Altersstufen Mangelware.

Ich lege die Hand der Mutter zurück in ihren Schoß. In die Arme sollte ich sie jetzt schließen und an mich drücken. Und alles wäre gut. Aber ich kann es nicht. Ich muß an meine Tochter denken. An die Art und Weise, wie sie meine späten unbeholfenen Zärtlichkeiten über sich ergehen läßt. Erfahrenes wird weitergegeben. Es ist schwer, den Strom zu durchbrechen.

Sie verzetteln sich, sagt Lise Meitner. Verlieren sich im Individuellen. Vergessen Sie nicht, Sie haben einen höheren Auftrag.

Verflixtnochmal! Was soll mir das nun wieder. Das Gerede von einem Auftrag. Vielleicht von einer historischen Mission. Soweit habe ich meinen Marxismus kapiert: Dazu braucht man die historische Chance. Sonst ist das nichts weiter als dumme Selbstüberschätzung.

Die Meitnerin wendet sich, um Unterstützung heischend, an meine Mutter. Diese sagt mitleidig zu mir: Was wollen die denn noch von dir. Kannst du es ihnen denn nie recht machen. Und schiebt damit ganze Galaxien zwischen uns.

Schon bevor ich beschließe zu gehen, verfällt das Gesicht meiner Mutter in grauer Depression.

Es geht dir wieder gut. Nicht wahr. Du solltest dir etwas vornehmen. Leute besuchen. Nur nicht in der Stube hocken. Ich muß jetzt. Ich bin ohnehin spät dran. Der ewige Streß. Du kennst das ja. Und wenn was ist, ruf gleich wieder an. Hörst du. Ich komme sofort. Das weißt du. All das Gerede kann nicht verhindern, daß ich die Tür mit dem Gefühl schließe, soeben dahinter einen Mord begangen zu haben.

Am Fahrstuhl steht die Meitnerin und hält die Tür auf. Wir steigen ein, und die Kabine bewegt sich lautlos nach unten. Sie fällt und fällt. Längst ist die Anzeige erloschen, und immer noch geht es abwärts. Während anfangs der Druck in der Magengegend und das Gefühl, vornüber zu kippen, auf Beschleunigung hinweist, stellt sich allmählich eine gleichförmige Bewegung ein. Das Licht ändert sich. Wird zum fahlen Leuchten, in dem die Haut ein grünfleckiges Aussehen annimmt. Wie im Zustand beginnender Verwesung. Später scheint der Röntgenbereich erreicht zu sein. Jedenfalls ist nur noch die Knochenstruktur sichtbar. Dann wird es dunkel. Die Temperatur sinkt. Ein muffiger Geruch breitet sich aus.

So bin ich also tot. Wie sonst sollte ich meine Lage interpretieren. Zwar ist mir schon früher hin und wieder der Verdacht gekommen, unbemerkt gestorben zu sein. Aber in den imaginären Lebensfortsetzungen war doch immer alles den bekannten logischen Gesetzen unterworfen. Dieses Mal scheint dagegen jeder Zweifel ausgeschlossen. Ich hocke mich auf den Boden und gebe mich dem endlosen Fallen anheim, zufrieden, daß der Wechsel zwischen *lebendig* und *tot* keines größeren Aufwandes bedurfte.

39

Man sei sich allmählich im klaren über mich. Die Gerichtsverhandlung könne beginnen.

Die Versammlung sitzt schweigend in einem blassen Lichtkegel, der sich nach den Seiten in schwarze Dunkelheit verliert. Nicht fremd und nicht vertraut. Schemen. Ehrfurcht gebietend und zugleich – schwer zu beschreiben – obszön. Mit leichenstarren nackten Gesichtern. Die Vorfahren. Die geistigen wie die leiblichen. Viele Jahre habe ich mich nicht um sie gekümmert. Mit schnellem Urteil abgetan. Unbedacht.

In meiner Verblendung glaube ich auch jetzt, einen selbstsicheren Eindruck machen zu müssen und suche angstvoll nach einer tragfähigen Floskel. Doch mich befällt ein Gefühl geistiger Überanstrengung, und die letzten Dopaminreserven versiegen in meinem Hirn. Kälteschauer jagen über meinen Rücken. Die Hände schlagen im groben Tremolo. Ein zwanghaftes Nicken des Kopfes. Stereotyp wiederholte Bewegungen, durch keinen Willensakt beeinflußbar.

Die Lichtverhältnisse ändern sich. Etwas Grelles, Glitzerndes türmt sich um mich auf. Wände mit unzähligen Facetten. Jede der kleinen Flächen ein Spiegel. In jedem Spiegel durch kunstvoll wiederholte Anwendung der Brechungsgesetze mein Gesicht. Rundum, wie ich mich auch wende, immer wieder aus verschiedenen Perspektiven – ich. In meiner Einfalt erscheint mir dies weit weniger bedrohlich als die vorangegangene Szenerie. Ich kann in den Spiegeln beobachten, wie sich das Flattern meiner Glieder allmählich beruhigt. Nur der starre Blick und das einseitige Flimmern der Oberlippe deuten darauf hin, daß etwas nicht in Ordnung ist.

Ich senke die Augen und versuche, mich zu entspannen, wodurch aber der Schmerz in meiner verkrampften Körperhälfte erst recht Zutritt zum Bewußtsein erlangt. Weder gelingt es mir, an gar nichts zu denken, noch meine Gedanken zu einer logischen Kette zu ordnen. Ich warte. Nichts ist mir im Leben so schwer geworden wie Warten. Vieles habe ich durch Ungeduld verdorben. Auch jetzt zehrt die erzwungene Passivität an meinen Nerven. Einen Moment kommt mir die Idee, die Wände um mich zu zerschlagen. Aber als ich die Hand ausstrecke, erkenne ich die Undurchführbarkeit meiner Absicht. Die Spiegel sind nicht starr. Sie können sich nach Belieben zurückziehen, um mich sofort wieder zu umschließen. Ich bin gefangen. Gefangen mit meinem eigenen Bild. Gezwungen, mich anzusehen. Wie lange schon habe ich das vermieden. Weise Vorsicht, unterstützt durch meine sich verringernde Sehkraft. Aber nun – als trügen die Spiegel dem Rechnung – sehe ich mich scharf und gnadenlos. Es bleibt kein Spielraum für Zurechtrückungen. Nicht nur Krankheit war da verwüstend am Werk. Ich liebe mein Bild nicht.

Für jeden sonst wäre es ein gewöhnliches frühzeitig gealtertes Gesicht. Für mich ist es ein unbestechlicher Zeuge meines Lebens. Für jede Kerbe stehen Erinnerungen. Aus dem Dunkel des Vergessens aufgestört, beginnen sie mich zu bedrängen. Kleine Herzlosigkeiten, ungerechte Wutausbrüche wiegen plötzlich zentnerschwer, weil sie den Stempel *unabänderlich* tragen. Ich möchte schreien: Es tut mir leid! Doch kein Laut kommt über meine Lippen. Nichts ist mehr gutzumachen. Nichts auslöschbar. Weder die Zeichen in meinem Gesicht noch die Verletzungen, die ich anderen zufügte. Wieviel kleinlicher Ehrgeiz und wieviel Geltungssucht bestimmten mein Leben! Habe ich nicht

Menschen benutzt und weggeworfen, wie es mir gut dünkte! Wenn hier vom Objektemachen die Rede ist: Ich war hervorragend auf dieser Strecke! Meinmann. Meinsohn. Meinmitarbeiter. Haben mich nicht Selbstmitleid und Zynismus wechselweise beherrscht. Ging es mir wirklich jemals um den Zustand der Welt oder immer nur um mich?

Wie Gewürm brechen sich meine verdrängten Gefühle von Schuld, von Versagen, von Beschämung eine Bahn. Stürzen sich auf mich, als hätten sie das Signal aus dem Spiegel erwartet. Bohren sich in mein Fleisch und fressen und fressen. Die Angst zwingt mich auf die Knie. Ich heule wie ein Tier. Wimmere um Gnade. Die Totengesellschaft starrt ungerührt über mich hinweg.

Doch etwas hat sich verändert. Deutlich erkenne ich sie, die Gesichter von Lise Meitner, von meinem Vater. Streng und ehrwürdig. Vertraut. Entrückt und zugleich doch nahe. Sie sind ein Teil von mir. Wie sollte ich sie sonst verstehen. Die Fragen, die ich an sie richte, sind Fragen an mich selbst. Indem ich mich scheinbar von mir entferne, bekommt alles eine neue Dimension. Wie soll ich dem Moment gewachsen sein, in dem sich das: *Was werde ich ...?* unaufhaltsam in ein: *Was habe ich ...?* wandelt. Fragen, die ich fürchte, weil ich der Antworten nicht sicher bin. Oder – weil es keine sicheren Antworten gibt. Wer handelt, irrt in einem gewissen Grade immer. Also nicht handeln? Beobachter bleiben?

Ich sehe die Gesichter, und es ist, als flösse über die Jahre hinweg ein Strom von Kraft. Ich erhebe mich und stehe für Sekunden geblendet. Dann erkenne ich die Grünanlagen des heimischen Neubauviertels.

Die Beine lassen sich nur schleppend bewegen. Aber ich lebe.

40

Zu Hause die Tochter beim Training an der Stange. Anmutig. Geschmeidig. Welch ein Kontrapunkt, seit die Koordinierung meiner Bewegungsabläufe immer mehr zu wünschen übrig läßt. Grand plié. Battement tendu. Développé. Ich beobachte das Mädchen, und für einen Augenblick ist es mir, als fühlte ich das Werden und Vergehen mit meinem ganzen Körper. Für einen kurzen mystischen Moment erscheint mir alles ganz folgerichtig, als gäbe es einen direkten Zusammenhang zwischen dem Tanz meines Kindes und meinem eigenen Niedergang. Als wäre eines für das andere die Vorbedingung. Und diese Vorstellung hat etwas Tröstliches, weil alles einen Sinn erhält.

Selbst ihre Freude über ein aussichtsreiches Engagement an das Theater einer anderen Stadt kann ich teilen. Es ist gut so. Keinesfalls wird sie Zeit und Kraft haben, sich um mich zu kümmern. Die räumliche Entfernung verleiht diesem Sachverhalt etwas Objektives. Sie wird sich nicht mit den zermürbenden Töchterschuldgefühlen abplagen müssen. Sie ist ein kluges, vorausschauendes Mädchen. Ich brauche mir um sie keine Sorgen zu machen.

Ach, was denke ich da! Wie schön, wie zart und zerbrechlich ist dieses Leben, das sich nun zum zweitenmal von mir löst. Und wie bedroht! Könnte ich doch das Letzte geben. Meine historische Chance erkennen.

41

Wanderung durch den Regen. Tropfen rinnen über mein Gesicht. Die Gedanken kommen und gehen. Unsicherheit und Anspruch. Geprägt durch Erziehung, was man nie wieder vollkommen los wird. Mein Elternhaus war nicht autoritär. Niemand hat mich zu hohen Leistungen getrieben. Es wurde einfach stillschweigend vorausgesetzt, daß ich überall die Erste war. Dabei darf nicht vergessen werden, meine Entstehung war die Antwort meiner Eltern auf ihre Abstemplung zu Untermenschen. So gesehen, reichen Leistungszwang wie die Gründe dafür weiter zurück. Von Generation zu Generation gegeben. Habe ich nicht selbst den Stab übernommen und weitergereicht. An meine hübsche, ehrgeizige Tochter. An meinen klugen, ehrgeizigen Sohn, den künftigen Physiker, der zu Hause über seinen Büchern und Experimenten sitzt und jede Minute nutzt. Manchmal, wenn ich bei seinen Fragen schon einen ganz schönen Eiertanz vollführe, zieht er ein wenig die Augenbraue hoch. Er sieht mich herumhocken mit meiner ewigen Müdigkeit und Benommenheit und denkt sich sein Teil. Nur nicht den richtigen. Wie sollte ich ihm meinen erbitterten Kampf um die ein bis zwei Stunden Arbeitsfähigkeit pro Tag verständlich machen. Ihm erklären, wie ich mich zu diesem Zwecke mit Chemie vollstopfe und meine Leber ruiniere. Warum sollte ich es ihm auch erklären. Er ist so glücklich beim Erproben seiner geistigen Kräfte. Soll er mich ruhig für faul und nutzlos halten. Nichts erinnert ihn mehr an meine Arbeitsbesessenheit. An früher, wo oft keine Zeit für ihn blieb.

Keinesfalls werde ich ihm sagen: Seit Hiroshima und Nagasaki verbietet sich Physik. Das wäre nichts als dumme Maschinenstürmerei. Im gleichen Alter wie er jetzt stand ich Unter den Linden und wartete ehrfurchtsvoll auf die Großen dieses Fachs, die kamen, um im Opernhaus Max Planck zu ehren. Die Explosion der ersten Atombombe lag dreizehn Jahre zurück. Der Göttinger Appell, in dem achtzehn führende Atomforscher die Öffentlichkeit über die gefährlichen Konsequenzen einer atomaren Bewaffnung aufklärten, war ein Jahr alt.

Keinesfalls werde ich sagen, Wissenschaft verbiete sich von jetzt an. Gefährlich ist der Mythos, wir könnten mit ihrer Hilfe getrost jede Suppe auslöffeln, die wir uns einbrocken. Das Warten auf Wunder. Aber gefährlicher ist der Glaube, wir kämen ohne neue Erkenntnis aus. Unsere materielle Welt ist begrenzt. Irgendwann – sehr bald schon – werden diese Grenzen erreicht sein. Wenn wir dafür nicht gerüstet sind, gerät die Welt aus den Fugen. Dann geht es um die nackte Existenz. Um

Luft, Wasser und Energie. Der Kampf würde mörderisch sein, überließe man die Vorkehrungen jenen, die heute bereits unverfroren verkünden, die Lösung bestünde in Überlegenheit der Waffen und dem Ausschalten der Konkurrenten. Dazu muß es eine Alternative geben. Ein guter Kompaß wird nötig sein für die enge Durchfahrt zwischen Szylla und Charybdis. Beim Umschlag von Quantität in Qualität.

Jemand spricht von der Vermarktung der Wissenschaft. Übergang von der Manufaktur zur industriemäßigen Forschung. Proletarisierung der Wissenschaftler. Die Computer stehen still, falls dein scharfer Geist es will.

Im westeuropäischen Kernforschungszentrum CERN beispielsweise, das reiner Grundlagenforschung dient, konstruieren und warten etwa dreitausendfünfhundert Angestellte die Maschinen, die von zweitausendfünfhundert Wissenschaftlern benutzt werden können. Der neueste Beschleuniger wird in einem Ringtunnel mit 26,6 Kilometern Umfang und 3,8 Metern Rohrdurchmesser, fünfzig bis hundertsechzig Meter tief unter der Erdoberfläche untergebracht sein.

Aber Hunger und soziale Not sind konkret erfahrbar. Die Bedrohung der menschlichen Zivilisation bleibt abstrakt. Man kann die Gedanken darüber beiseite schieben wie das Wissen um die eigene Sterblichkeit. Man kann das Wissen sogar denunzieren. Dem Patienten die Wahrheit vorenthalten. Vielleicht in der besten Absicht. Angst aus Wissen lähme nur, kann man sagen. Aber man darf dann auch nicht mit der Mobilisierung seiner Kräfte rechnen.

Mobilisierung der Humanität. Geringer läßt es sich nicht machen. Das werde ich ihm sagen. Meinem Sohn. Der die Welt gern einfach haben möchte. Berechenbar. Wie seine Physik.

Von der Würde des Menschen werde ich sprechen, die nicht aus naturwissenschaftlicher Kalkulation folgt. Von der Verantwortung, die er übernehmen muß, weil es zwischen Verantwortung und Mitschuld in Zukunft nichts mehr gibt. Mitschuld am Mißbrauch von Erkenntnis. Mitschuld am Abstempeln zu Untermenschen. Zu Objekten. Zu Megatoten.

42

Der Regen, der fast schon zur Landschaft gehörte, ist auf einmal vorüber. Die Wiese dampft. Ich sitze am Waldrand und warte auf das Wild, das sich bald zeigen muß, falls es sein Verhalten nicht geändert hat, seit jenen Jahren, in denen mich mein Vater mit in die Wälder nahm. Wie hat damals ein Reh auf einer Juniwiese meine Seele zum Schwingen gebracht. Jetzt ist der Wald – der Wald. Das Reh – das Reh. Sonst nichts. Höchstens der Geruch des feuchten Grases vermag noch etwas in mir zu bewegen. Reproduktion von Vergangenem. Bald werden die Mücken kommen. In der Schwarzkiefer zwitschert ein Spatz. So recht aus Herzenslust.

Hat Ihr Vater wirklich keine der Kisten geöffnet? Fragt Lise Meitner. Ich versuche, einen kistenöffnenden Vater ins Bild zu bekommen und muß lachen. Er hat oft die Sicherheit seiner Hand bei der Jagd gerühmt. Nicht bei der Menschenjagd. Nicht *wehrwürdig* zu sein, war einer der wenigen Vorzüge seiner Lage. Aber den Entzug der Jagdwaffe empfand er als Demütigung. Weitere manuelle Tätigkeiten sind in Verbindung mit meinem Vater nicht vorstellbar. Eine eigenartige Abstinenz. Mir wohlvertraut. Grund für mich, den Beruf zu wechseln. Etliches Mißgeschick beim Experimentieren. Ein zerbrochener Multiplier. Rückzug in die Mathematik.

Waren das erste Krankheitszeichen. Das grundlose Fallenlassen von Gegenständen damals in der Jugend. Doch genetisch bedingt.

Ich solle nicht jede Brücke nutzen, um auf mich selbst zu kommen. Es ginge jetzt um die Handlungsweise meines Vaters. Die Meitnerin bleibt hartnäckig. Er könnte doch mit jemandem im Bunde gewesen sein: mit seinen Arbeitern.

Die waren an der Front. Das heißt: nicht alle. Wenigstens nicht die ganze Zeit. Denn als mein Vater die Aufforderung bekam, sich für den Transport in das Konzentrationslager Buchenwald bereitzuhalten, boten sie ihm die Chance zur Flucht.

Im Hause meiner Großeltern wurde das Wort *Rote* nur in abfälligem Tonfall gebraucht. In diesem Zusammenhang erlaubte man sich sogar eine deftige Sprechweise. Andererseits war mein Vater viel zu sehr Unternehmer, um sich in der gegebenen Situation nicht eine getreue Belegschaft zu sichern. Er ernannte einen ehemaligen kommunistischen Funktionär zum Vorarbeiter und überließ ihm die

Kaderpolitik. Nun diese Erfahrung: Leute, die ihr Brot nie mit Messer und Gabel gegessen hatten, boten ihm eine Fluchtmöglichkeit, während andere, deren Gattinnen sich *gnädige Frau* nennen ließen, die Straßenseite wechselten, wenn sie ihm begegneten.

Nicht nur Kommunisten haben Widerstand geleistet. Sagt Lise Meitner. Und ist aus irgendeinem Grund verärgert.

Ich beeile mich zuzustimmen. Nun aber sind meine Gedanken in bestimmter Richtung in Bewegung gesetzt. Wieso denn dieses Angebot. Ein Fluchtweg für den ehemaligen Chef. Wirklich nur ein Ausdruck von Dankbarkeit und Solidarität, wie uns mein Vater später einreden wollte? Oder sollte ein Mitwisser abgeschirmt werden? Enthielten die Kisten ursprünglich etwas ganz anderes? Behälter mit Bleiwänden. Glasgefäße mit einer schweren Flüssigkeit. Und was, wenn eine Inspektion des Reichspostministeriums ergab, daß der ursprüngliche Inhalt sich eigenartig transformiert hatte? Nachdem der Postminister von seinem *Führer* als Hochstapler abgetan worden war, konnte man sich im Ministerium unmöglich ein von einem *Halbjuden* bewachtes *kriegswichtiges* Lager mit Kochtöpfen und Lampen leisten. Man mußte die Geheimhaltungsstufe erhöhen und die Angelegenheit vertuschen. Mein Vater brauchte gar keinen Fluchtweg. Er stand plötzlich unter besonderem Schutz des Reichspostministeriums. Eine gefälschte Unterschrift für die Gestapo. Alles paßt ins Bild. Nur nicht, daß mein Vater später darüber geschwiegen hat.

Sie vergessen, es gab sie inzwischen. Die Bombe. Wendet Lise Meitner ein. Und der Glaube, sie könne *weise verwaltet werden,* war als fataler Irrtum entlarvt.

Ich denke nach. Gewiß, es wäre kein Problem gewesen, in jener Gegend den ursprünglichen Inhalt der Kisten auf Nimmerwiedersehen verschwinden zu lassen. Eine alte Bergwerksregion mit unzähligen nirgends mehr registrierten Stollen.

Die Meitnerin sitzt neben mir auf einem Baumstumpf, ein überlegenes Lächeln um ihren Mund, als verfüge sie über Hintergrundswissen, das alle meine Argumente von vornherein fragwürdig macht. Solches Überlegenheitsgetue! Alles lehnt sich in mir auf. Will sich aufspielen. Aber bedauert, nicht dabeigewesen zu sein, bei der Entdeckung. Ja, wem haben sie denn mit ihrer Wissenschaft gedient! Wem wollten sie das Feuer in die Hand geben! Und es scheint durchaus nicht ihr Verdienst, wenn es nicht aufgenommen wurde. Es ist wahr, man darf ihnen nicht die gesamte Verantwortung aufbürden. Doch man kann sie auch nicht aus der Verantwortung entlassen. Denn sie allein wußten, welche furchtbaren Kräfte da in Szene gesetzt werden konnten. Für meinen Vater war das unvorstellbar. Wie hätte mein Vater ahnen sollen, daß in Gefäßen mit Bleiwänden Rohmaterial für eine schreckliche Vernichtungswaffe aufbewahrt wurde.

Aber sie haben für Deutschland keine Bombe gebaut. Sagt Lise Meitner. Sie hätten es gekonnt.

Das sind so nachträgliche Darstellungen. Ich weiß. Aber über kurz oder lang hätten sie es getan.

Andere wären vielleicht am Werke gewesen. Solche, von denen hier noch nicht gesprochen wurde. Gewiß. Sie hätten nur die Theorie geliefert und ihre Hände in Unschuld gewaschen.

Darüber wird zu reden sein. Sagt die Meitnerin und löst sich auf. Ein Trugbild im Nebel.

Ich aber schreie hinterher: Mein Vater hat keine Kiste geöffnet. Er hätte auch die Fluchtmöglichkeit nicht wahrgenommen. Er war wehrlos. Ausgeliefert. Von Jugend an auf den Glauben an Recht und Ordnung ausgerichtet. Wenn es nur Feigheit gewesen wäre. Aber es war keine Feigheit, sondern schlimmer: der Gedanke an Widerstand gegen die Obrigkeit war in seinem logischen System überhaupt nicht vorgesehen.

Ich schreie. Nein, ich glaube nur zu schreien. In Wirklichkeit sitze ich still, um die äsenden Rehe nicht zu stören. Die Mücken bleiben aus. Im Wald fallen die Vögel schwer wie überreife Früchte zu Boden.

43

Welchen Widerstand hat Lise Meitner, haben die anderen Physiker geleistet? Im Januar 1935 die Feier zu Ehren des ersten Todestages des Chemikers Fritz Haber? Jude. In der Emigration gestorben. Ausgerechnet für jenen Fritz Haber, der den Beinamen *Vater des Gaskrieges* trug. Der den Einsatz chemischer Kampfstoffe mit der Begründung rechtfertigte, ein schnelles Kriegsende rette unzähligen

Menschen das Leben. Wie schrecklich bekannt das klingt.

Bei Einsatz von etwa fünfundvierzig Prozent der vorhandenen Kernwaffen würden mindestens eine Million Quadratkilometer Wald und eine halbe Million Quadratkilometer Stadt- und Industriefläche brennen. Vier Millionen Tonnen pflanzlicher Biomasse. Zehn Millionen Tonnen Holzkonstruktionen. Fünfhundert Millionen Tonnen Kunststoffe und etwa die gleiche Masse fossiler Brennstoffe und Asphalt von Straßenbelägen. Dreihundert Millionen Tonnen Schwebeteilchen würden sich in einer Schicht über die gesamte Atmosphäre der Nordhalbkugel verteilen und fast alles Sonnenlicht absorbieren. Die Temperaturen fielen selbst im Sommer bis zum Gefrierpunkt.

44

Ich kann jetzt sogar daran glauben, wenn der Mann sagt, daß er mich liebt, und er sagt es jetzt öfters als früher. Manchmal hält er mich dabei fest und wirkt plötzlich erschrocken.

Als wir aufeinander trafen, hatten wir beide unsere Geschichte. Das heißt: Jeder hatte seine. Aus Angst vor neuen Verletzungen waren wir nicht bereit, irgendwelche Verbindlichkeiten einzugehen. Aber in bestimmten Momenten muß man sich entscheiden.

Als er meine klägliche Stimme am Telefon hörte, machte er sich sofort auf die Reise. In der Station des Bezirkskrankenhauses waren die verschiedenen

Etappen meiner Zukunft leibhaftig zu besichtigen. Es traf ihn, wie es mich getroffen hatte. Wir gingen schweigend durch die Stadt, und ich hatte große Angst. Wenn er mich verlassen wollte, ohne sein Gesicht zu verlieren, mußte er es bald tun.

Wir standen lange auf der Brücke und starrten auf den weißen Schaum, der schnell flußabwärts trieb. Vorbei an der grauen Silhouette des Zementwerkes. Den Schaum durchschneidend näherte sich ein Dampfer mit einer fröhlichen Ausflugsgesellschaft. Ein Lautsprecher plärrte: „O sole mio . . .".

Ich konnte das Schweigen nicht mehr ertragen und sagte, ich würde das Ganze nicht beliebig lange mitmachen. Ich fürchtete, er könnte eine Plattheit erwidern, aber er schwieg.

Wir gingen weiter und beschlossen, die Spuren eines eiszeitlichen Gletschers, von dem wir gelesen hatten, zu besichtigen. Mit dieser Absicht gerieten wir auf einen Friedhof, da sie in dem Ort ihre Toten rund um jenes Naturdenkmal begraben.

Familiengräber. Graniteinfassungen. Kleine urnenbedeckende Hügelchen. Gemeinschaftswiesen. Wie ich es denn so wünsche. Er hielt meine Hand und sah angestrengt in die Landschaft.

Das war nun wirklich in diesem Moment meine Sorge nicht, und ich mußte lachen. Aber er wollte keinen dummen Scherz mit mir treiben. Das merkte ich gleich.

So steht also Versprechen gegen Versprechen.

45

Der Arzt, dem ich mich anvertraue, gerät sogleich ins Stottern. Philosophisch gesehen, ja ... Sagt er. Aber als Arzt ... Als amtlich bestallter Gehaltsempfänger muß er dafür sorgen, daß ich die Statistik nicht verderbe. Ich beruhige ihn, was den Zeitpunkt anbelangt. Noch bestehe keine unmittelbare Veranlassung für ihn, Maßnahmen einzuleiten, zu denen er gegebenenfalls verpflichtet wäre. Aber er bleibt mißtrauisch und weigert sich, Schlaftabletten auf das Rezept zu schreiben. Jedenfalls nicht die gewünschte Sorte.

Ich will mich ja nicht beklagen. Nein, wirklich, ich beklage mich nicht. Denn zuvor müßte man die Sache zu Ende denken.

Natürlich könnte hier nichts dem Selbstlauf überlassen werden. Eigens dafür eingerichtete, streng kontrollierte staatliche Institutionen müßten eingerichtet werden. Ihre Benennung wäre von allergrößter Bedeutung. Keinesfalls käme *Bezirksstelle für Lebensabbruch* in Frage. Schon eher *Institut für Menschenwürde.* Letzteres wäre sogar ausgezeichnet.

Man müßte einen Antrag stellen. In sechsfacher Ausfertigung. Mit ausführlicher Darlegung der Gründe. Die entsprechenden amtlichen Bestätigungen wären beizubringen.

Und dann bekäme man einen Termin. Bei starkem Andrang ginge es nicht ohne eine gewisse Wartezeit ab. Je nach Lage des Falls könnten auch Dringlichkeitsstufen vergeben werden.

Und man hätte den großen Vorteil, man könnte

seiner eigenen Trauerfeier beiwohnen. Aufgebahrt, zwischen Blumengebinden, die Kanüle im Arm könnte man alle die schönen Sprüche hören, auf die man bis dahin vergeblich gewartet hat. Natürlich hätte man gern das letzte Wort. Das hat sich jedoch nicht bewährt und ist deshalb verboten.

Welche herrlichen Aussichten! Die Alten und Siechen hätten die Möglichkeit, ihre Würde zu bewahren, und die anderen wären vom schlechten Gewissen befreit. Niemand wäre mehr an der Selbstverwirklichung gehindert.

Man muß es eben nur mal zu Ende denken, ehe man sich beklagt.

46

Ich will klar Schiff machen und wühle in staubigen Akten. Das Institut wird sein Soll an Altpapieraufkommen erfüllen. Berichte. Prognosen. Anträge. Briefe. Konzeptionen. Vorlesungsskripten. Gutachten. Sonderdrucke. Tagungsmaterialien. Eingaben. Alles, was einmal mein Leben ausmachte. Wehmütig lege ich es auf Stapel. Ich war beseelt gewesen von der Idee, einen Mikrokosmos zu schaffen, in dem Kreativität und gute menschliche Beziehungen den Nährboden für wissenschaftliche Leistung bildeten. Mühsam mußte ich alle überzeugen. Eifersüchteleien überwinden. Ein gewisses Maß an Einfluß erlangen. Es ging mir nicht um mich. Oder doch um mich. Insoweit nämlich, daß ich eine Aufgabe brauchte, die mich erfüllte. Wenn ich jetzt in den alten Akten lese, finde ich sie sterbenslangweilig. Aber damals hatte alles seine Funktion im größeren Mosaik. Ich kann nur noch staunen, daß dieses ganze Papier von einem einzigen Menschen erzeugt wurde und daß dieser Mensch ich war.

Natürlich, ich hätte es voraussehen müssen, gab es Neider. Man spreche mir nicht von gehässigen Frauen. Männer tarnen sich lediglich besser. Ihre Bosheit kommt respektabel daher. Ich habe es nicht kapiert, warum damals Eingaben nötig wurden. Die Arbeit, für die ich meine Kraft hingab, war doch nicht meine Privatangelegenheit. Ich wollte diese Arbeit, diese Aufgabe. Ich war mit mir im reinen. Es muß etwas wie ein Strahlen um mich gewesen sein. Und genau das war es: Neid auf meine Freude.

Die Prophezeihungen. Immer übelwollend. Irgendwo muß da der Wurm drin sein. Man wird schon dahinterkommen. Das Nachfragen bei Dritten, immer in der Hoffnung auf Negativbescheid. Das Herabsetzen jeglicher Leistung. Das schikanöse Weltstandsgeschwätz.

Eine Weile gelang es mir, die Jüngeren abzuschirmen. Meine Freude an sie weiterzugeben. Aber dann habe ich mich unterkriegen lassen. Die Freude ist erloschen. Krankheitsgründe?

Meine Kollegen bündeln das Papier und tragen es fort. Für sie ist es alter Plunder. Es wird Platz gebraucht. Bald werde ich hier vergessen sein.

47

Ich sei jetzt vielleicht in der rechten Verfassung, um ihre Lage zu verstehen, fünfzehn Jahre später, nach diesem entscheidenden Jahr 1938. Fünfzehn Jahre, die sie keinem guten Freund wünsche, durchlebt zu haben. Einundzwanzig Jahre habe sie die Physikalische Abteilung des Instituts für Chemie geleitet. In dem Team Hahn – Meitner – Straßmann sei sie der führende theoretische Kopf gewesen. Jetzt, mit diesem Abstand könne sie es reinen Herzens so einschätzen. 1934, gleich nachdem sie von den Ergebnissen Fermis Kenntnis erhalten habe, wäre sie von der Problematik begeistert gewesen. Es kostete einige Wochen Überzeugungsarbeit, um Hahn für eine gemeinsame Forschung in dieser neuen Richtung zu gewinnen.

Die künstliche Radioaktivität war entdeckt, die Existenz des Neutrons nachgewiesen. In Rom begann Fermi, ein chemisches Element nach dem anderen mit Neutronen zu beschießen, in der Hoffnung, auf diese Weise künstliche Radioaktivität zu erzeugen. Und wirklich, eine ganze Reihe von Substanzen wurden aktiviert und wandelten sich unter Aussendung von Betastrahlen in das nächsthöhere Element um. Was würde bei dem Element mit der höchsten Ordnungszahl, dem Uran, geschehen? Wenn der Prozeß analog verlief, mußten Atome mit der Kernladungszahl 93 entstehen. Einen solchen Grundstoff gab es in der Welt noch nicht.

Die Erwartungen schienen sich zu bestätigen. Das bestrahlte Uran wurde radioaktiv, und die entstehenden Substanzen waren keine Nachbarelemente des Urans mit niederer Ordnungszahl. Also Transurane?

Noch vier Jahre sollten vergehen, bis man begriff, daß es sich hierbei in Wirklichkeit bereits um eine Kernspaltung gehandelt haben mußte. 1934 antwortete Albert Einstein auf die Frage, ob es möglich sei, den enormen Energiebetrag, den seine Gleichung ausweise, durch Beschießen des Atoms freizusetzen: „Das Atom durch Beschießen spalten zu wollen, heißt soviel wie im Dunkeln auf Vögel zu schießen in einem Gebiet, wo es nur sehr wenig Vögel gibt."

Die Meitnerin sitzt mir gegenüber und hüstelt. Noch immer ist die Luft voller Staub. Sie sei der führende theoretische Kopf gewesen. Nicht nur, was den Anfang anbeträfe, sondern auch später. Sogar vom Exil aus. Im Dezember 1938 habe sie auf die entscheidenden Experimente gedrängt. Und fünfzehn Jahre später hieß es nur noch: die langjährige Mitarbeiterin Hahns, Fräulein Meitner.

Sie seufzt und sitzt ein wenig verkrümmt am Schreibtisch.

Es sei nun alles bestens in Ordnung gebracht. Tröste ich. Historiker ließen ihr Gerechtigkeit widerfahren, und auch sonst würde vieles geschrieben. Selbst an Verklärung mangle es nicht.

Sie winkt ab. Es sei nicht Ehrgeiz oder verletzte Eitelkeit gewesen. Das Schmerzliche waren die menschlichen Enttäuschungen. Man wird innerlich so arm dadurch . . .

Da fällt es mir von den Augen wie Schuppen. Es waren wirklich die menschlichen Enttäuschungen. Das bringt kein nachträgliches Lob und kein mittlerer Orden wieder ins Lot.

Schluß jetzt mit der Wehleidigkeit. Enttäuschung impliziert immer auch ein falsches Bild von Wirklichkeit. Ich war ein bißchen einfältig. Das ist alles.

Wie ich noch so sinniere, erhebt sich die Meitnerin, lächelt und sagt, wir müßten bald Abschied voneinander nehmen. Nun komme sie nur noch ...

Ich verpasse die Zahl, weil ich sofort aufgebracht losschreie. Wie habe ich diese Märchen gehaßt, mit ihrem: Nun komme ich noch zweimal. Noch einmal. Und dann nimmermehr. Dieses provozierende Nimmermehr. Was – wenn man die Lösung des Zaubers verpaßte!

Sie habe ihren Zweck erfüllt.

Zweck! protestiere ich. Ich habe mich an sie gewöhnt. Sie ist ein Bezugspunkt in meinem Leben geworden. Ich brauche sie. Daß ich ihr herzlich zugetan bin, möchte ich sagen. Bringe es aber nicht über die Lippen. Vielleicht wäre das gerade die Formel.

Die beiden jungen Assistenten, die die Akten weggetragen haben, kommen zurück. Sie sehen, wie sich eine kleine alte Dame verabschiedet. Ich erkläre, das eben war Lise Meitner. Der Name sagt ihnen nichts.

48

Der Staub. Das Schwefeldioxyd aus dem Gaswerk. Einige Viren. Und meine reduzierte Atmung. Nachts kann ich nicht schlafen. Ich huste und huste. Am Morgen liege ich wie betäubt. Der Mann schüttelt die Kissen auf und rückt den Frühstückstisch ans Bett. Ich liege matt und elend und bin sehr glücklich. Unweigerlich nimmt man Einfluß auf den anderen. Schafft Abhängigkeiten, deformiert oder gibt Kraft. Verstärkt die guten oder schlechten Seiten. Schwer, vorher zu sagen, wie es sein wird.

Oder? Doch vorhersagbar? Von mir selbst abhängig?

Was soll dieses Gerede von Freitod oder wie schön man es sonst immer benennen mag. Bei meinen Krankenhausaufenthalten – erhielt nicht mein Leben durch die Hinwendung zum Leiden anderer einen neuen Sinn. Gehört nicht die Sorge um die Mutter zu dem, was meinem Dasein Wärme und Vertrautheit gibt. Schmerzt nicht der Gedanke, ihr Anruf könnte eines Tages für immer ausbleiben.

Warum will ich den Menschen, die mich lieben, diese Chance nicht einräumen. Sollte ich, statt Angst und Ungeduld zum Leitstern zu erheben, nicht endlich Haltung annehmen.

Und mehr noch: Haben wir nicht historische Erfahrung mit der Mißachtung von Leben. Mit der Diskriminierung der Schwachen. Der anderen. Habe ich denn nichts begriffen?

Mit allem, was wir tun, setzen wir Zeichen. Auch wenn es anscheinend nur uns selbst, das eigene Leben, betrifft.

49

Ich erhalte eine Einladung zu einem Hauptvortrag auf dem internationalen Mechanikkongreß. Ich habe schon lange keine Beziehungen mehr zur Mechanik. Stabilitätstheorie. Sowohl geeignet zur Berechnung der Sicherheit von Bauwerken wie zur Abschätzung der Bahnabweichungen von Geschossen. Meine Arbeiten zu diesem Thema liegen zehn, fünfzehn Jahre zurück. Es scheint, ich habe auf diesem Gebiet einen gewissen Namen. Ich verfolge es nicht. Ich bin ein bißchen über mich selbst gerührt. Einen Moment erliege ich fast der Versuchung, die Einladung anzunehmen. Immerhin findet der Kongreß im Frühling an der Adria statt, und sie übernehmen die Kosten. Dann verwerfe ich es, denn das hieße sich selbst überleben. Sich der Erinnerung weihen oder für die Zukunft antreten? Mit der Vergangenheit im Bunde. Mit einem Auftrag. Einem eigenen, inneren und sei er noch so winzig.

Mit einemmal diese Genügsamkeit. Spottet Lise Meitner. Erst die großen Fragen. Warum nicht? Wieso nicht? Und dann der Rückzug ins Bescheidene.

Sie ist irgendwie verändert. Jünger. Streitbarer.

Ich bin krank, wende ich ein und erleide einen

jener schlimmen hellsichtigen Augenblicke, in denen mir meine ganze erbärmliche Schwäche bewußt wird.

War ich nicht gefährdet! Diskriminiert! Sagt sie.

Ja, und?

50

1934 habe sie eine Einladung zu einem Kongreß in Leningrad erhalten, der zu Ehren des hundertsten Geburtstages von Mendelejew stattfand.

Ich weiß. Der Vortrag der deutschen Chemikerin Ida Noddack, die meinte, man könne nicht stichhaltig auf die Existenz eines Elementes 93 schließen, nur weil die benachbarten Elemente des Urans ausgeschlossen wurden. Ebensogut könnte man annehmen, daß ganz andere Kernreaktionen stattfänden. Es wäre denkbar, daß schwere Kerne bei ihrer Beschießung mit Neutronen in mehrere größere Bruchstücke zerfallen, die zwar Isotope bekannter Elemente, aber nicht Nachbarn der bestrahlten Elemente sind.

Eine unangenehme Ursche, die sich später mächtig aufgespielt hat. Sagt die Meitnerin giftig, im stark wienerischen Tonfall. Daherreden kann schließlich jeder. Die Noddack war bekannt für unsolides Arbeiten. Viele Freunde hatte sie nicht unter den Wissenschaftlern. Vielleicht welche in anderen Kreisen. Nazikreisen.

Das kann ich nicht beurteilen. Ich registriere nur, wie aufgebracht die Meitnerin ist, und denke mir, vielleicht wollte sie wirklich die Ausnahmefrau bleiben.

Schnickschnack. Sagt die Meitnerin. Als könnte sie meine Gedanken lesen. Die Noddack war eine unerfreuliche Person. Basta. Wenn sie eine seriöse Begründung kannte, wieso hat sie es dann nicht experimentell nachgeprüft. Ich hingegen wußte sofort, daß sie im Recht sein konnte. Man brauchte nur einen Blick in die Tabelle der Atomgewichte zu werfen.

Das schlägt dem Faß den Boden aus. Sie, die sich oft genug darüber beklagt hat, an der Entdeckung 1938 nicht beteiligt gewesen zu sein, jedenfalls nicht unmittelbar; sie, deren Wissenschaftlerschicksal deshalb eine gewisse Tragik anhaftet, sie will alles schon geahnt haben. Jahre zuvor. Sie lügt schlecht. Das ist fatal.

Es gab schon früher Vermutungen. Von anderen. Auch, daß Energie frei würde. Sagt sie.

Ja, gewiß. Aber die wurden überhaupt nicht beachtet. Die Geschichte ist wohl bekannt. Von den Berliner Atomforschern wurden die Bemerkungen der Ida Noddack als ganz und gar indiskutabel belächelt. Und dann die jahrelangen Untersuchungen zu den Transuranen. Erklärungen entwickelt, veröffentlicht, verworfen, neu entwickelt, wieder publiziert.

Wissenschaftlich arbeiten zu können ist eines der größten Lebensgeschenke. Sagt Lise Meitner. Besonders wenn es sich um ein Gebiet handelt, das in so wunderbar fortschreitender Entwicklung war, wie wir es in der Radioaktivität und Atomphysik erlebt haben. Die Wissenschaft erzieht den Menschen zum wunschlosen Streben nach Wahrheit und Objektivität, sie lehrt den Menschen, Tatsachen anzuerkennen, sich wundern und bewundern zu können.

O weh. Waren wir nicht schon weiter? Die Querelen. Das Gerangel um Anerkennung und Prioritäten. Die Enttäuschungen und die Leiden. Die niederdrückende Verantwortung. Trotz allem? Trotz allem ein Lebensgeschenk?

Nur – die Erkenntnis muß sich zum Wohle der Menschen auswirken. Sagt Lise Meitner. Ich habe mich für Politik nie interessiert, aber mit einemmal hatte ich einen Auftrag. Mir war klar, daß Energie frei würde. Eine technische Nutzung – etwa den Bau einer Bombe – erwartete ich nicht vor der nächsten Generation. Aber der menschenverachtende Ungeist, der durch die Straßen zog, und diese neue wunderbare Kraftquelle! Ich war unpolitisch, trotzdem hatte ich plötzlich einen Auftrag.

Ich reibe mir die Augen, doch sie verschwindet nicht. Sie sitzt mir gegenüber, körperlich ganz gegenwärtig.

Ich besaß eine gewisse Autorität. Fährt sie fort. Ich brauchte nur an die Fermische Transuranhypothese anzuknüpfen, und schon waren alle auf der falschen Fährte. Ich kann nicht sagen, daß es mir leichtgefallen wäre. Es widersprach meinem wissenschaftlichen Ehrgefühl. Aber alles, was um mich sonst geschah, bestärkte mich in meinem Entschluß, den Auftrag anzunehmen. Es lief auch ausgezeichnet. Nur einmal gab es einen kritischen

Augenblick. Es muß 1936 gewesen sein. Der Straßmann hatte nachts gemessen und in den Zwischenzeiten einen Versuch mit Barium durchgeführt. Als ich früh ins Labor kam, war er sehr stolz. Ich sah das Präparat und die Meßzahlen und erschrak. Was er da in der Hand hielt, war der Nachweis der Bildung von Barium aus Uran nach der Bestrahlung mit langsamen Neutronen – das heißt der Nachweis der Kernspaltung. Es gelang mir zu lächeln und zu sagen: Das können Sie ruhig in den Papierkorb werfen. Das herauszufinden, überlassen Sie mal lieber uns Physikern! Und er hat es weggeworfen.

Die Szene ist überliefert. Allerdings nicht mit dem Hintergrund, daß Lise Meitner die Entdekkung verzögern wollte. Jetzt bin ich gespannt, wie sie die nachfolgenden Ereignisse unter diesen Hut bringen will.

Sie fährt fort: Natürlich konnte man die Entdekkung nicht beliebig lange verhindern. Dafür waren die Gruppen in Paris und Rom zu stark. Mein Plan sah vor, das Ganze so lange wie möglich hinauszuschieben. Dann aber wollte ich die Erste sein. Deshalb ließ ich Droste die Thorium-Experimente durchführen. Wie ich vermutete, konnte er keine Alpha-Strahlen nachweisen. Nach außen mußte ich dieses negative Ergebnis bezweifeln, sonst hätten wir wahrscheinlich die Kernspaltung schon ein halbes Jahr früher entdeckt. Und ich wäre dabeigewesen. Nachträglich hat mir das natürlich leid getan. Jedoch meine Flucht aus Deutschland wurde so Hals über Kopf betrieben. Wirklich – ich hatte nicht damit gerechnet. Bereits im Frühjahr 1938 waren Irène Joliot-Curie und Paul Savitch in Paris dicht an der Entdeckung. Sie hatten bei der Bestrahlung von Uran mit Neutronen einen *3.5-Stunden-Körper* entdeckt, den sie identifizieren wollten und den wir in Berlin *Curiosum* nannten, weil sie ihre Ergebnisse ständig korrigieren mußten. Als ich im Oktober 1938 die neueste Publikation aus Paris in den Händen hielt, wußte ich, es war höchste Zeit. Nun drängte ich brieflich auf die entscheidenden Versuche. Hähnchen und Straßmann waren ausgezeichnete, gründliche Chemiker. Alles lief wunschgemäß. Nur ich war nicht mehr dabei.

Sie sitzt da, als könnte sie kein Wässerchen trüben, und tischt mir solche unglaublichen Geschichten auf. Warum, frage ich, warum hat sie es dann so eilig gehabt, die Erklärung in alle Welt zu posaunen. Man erinnere sich: Weihnachten in Kungälv. Die Wanderung mit Otto Robert Frisch. Die Information an Niels Bohr.

Die Erklärung lag jetzt fast auf der Hand. Erwidert Lise Meitner. Hätte ich es nicht gemacht, wäre es ein anderer gewesen. Außerdem galt es nun, die Erkenntnis so schnell wie möglich zu verbreiten.

Bleibt die Frage, warum hat sie später geschwiegen. Schließlich ist sie wirklich schlecht weggekommen. Mehrmals war sie für den Nobelpreis vorgeschlagen. 1938 erhielt Fermi den Preis für die *Entdekkung der Transurane.*

Sie lächelt, und es ist ein feines Lächeln. Das schöne, kluge Gesicht, wie ich es von ihren Altersbildern kenne. Das Gesicht eines Menschen, der mit sich gerungen hat. Und sie fragt: Glauben Sie denn meine Geschichte?

Nein. Erwidere ich schnell und wahrheitsgemäß.

Sie scheint nicht gekränkt. Sie lehnt sich zurück und sagt: Ist es wirklich so wichtig. Ich meine, ob es den Tatsachen entspricht oder nicht. Ist nicht lediglich von Bedeutung, daß es wahr sein könnte.

So verharrt sie eine Weile. Ich schweige, weil ich erst über ihre Worte nachdenken muß. Da erhebt sie sich, steht mitten in meinem Zimmer und beginnt sich ohne Ortsveränderung allmählich von mir zu entfernen. Wie ein Bild auf einer Wasseroberfläche, das langsam in der Tiefe versinkt.

51

An einem Rosenglühwürmchentag hat Lise Meitner alles, was ihr Leben ausmachte, verlassen müssen. Am gleichen Tag erhielt mein Vater die Nachricht von meiner Geburt. Unsere reale Begegnung war kaum der Rede wert. Und doch ist alles voller geheimnisvoller Fäden und Verknüpfungen.

Vielleicht wird man mir Unbescheidenheit vorwerfen. Aber gerade jetzt, wo ich nicht mehr recht zähle, ahne ich die Maßlosigkeit des Anspruchs, der notwendig sein wird, den Spuk zu erledigen. Die Gier nach den Dingen, nach Macht, nach Ruhm. Einmal wird alles verblassen vor dem einfachen Wunsch zu leben. Aber wird es dann nicht zu spät sein? Was ist der Preis? Welcher Zoll an Blut und Kultur wird gezahlt werden müssen?

Mir ist genug Kreuz auferlegt. Ich könnte mich aus dem Staub machen. Aber ich habe einen Auftrag, und ich nehme den Auftrag an.

Einmal wird dieser Sommer sich neigen. Ein neuer Herbst wird kommen. Meine Leiden werden voranschreiten. Allmählich. Oder in schnellen Schüben. Genaues kann man nicht vorhersagen.

Was wird andauern?

Eine Handvoll Staub im Geviert. Pflegeleicht und anonym wie der Tod in den großen Städten. Einige wissenschaftliche Resultate. Bereits überholt und kaum noch zitiert. Einige Anspielungen und Anekdötchen, die sich bald verbieten, weil zu viele die Erinnerung nicht teilen.

Was also?

Der Sinn des Lebens ist das Leben. Es bedarf keiner Rechtfertigung von außen. Ich habe eine Botschaft empfangen. Sie mir zu eigen gemacht. Sie neu geprägt. Einmalig, unverwechselbar, weil jeder Mensch etwas Einmaliges ist. Und ich gebe sie weiter. Hinterlasse in den Menschen um mich eine Spur, die vereint mit all den anderen Spuren erneut Botschaft wird, auch wenn mein Name längst vergessen ist. Unsterblich sind wir, solange diesem Leben Kontinuität beschieden ist.

Jelängerjelieber blüht an der Mauer. Die jungen Frauen sitzen in der Schaukel und schwatzen. Ein Kind stößt ein anderes ins Gras. Die Männer schleppen den Kasten mit den Getränken herbei. Kaffeeduft weht von der Veranda. Ich rekele mich im Liegestuhl und genieße das Treiben. Hoch oben jagen die Schwalben. Es sind ihrer weniger, dieses Jahr. Irgend etwas ist ihnen zugestoßen.